역사 교과서
집필진이 쉽게
풀어 주는

술술
한국사

4 개항기

그림 심수근

대학에서 응용미술을 전공했고, 제5회 한국출판미술대전 황금도깨비 장려상을 수상했다. 한국 출판미술협회 회원이며, 출미협 회원전과 느낌 회원전, 2007년 생물의 해 회원전에 참여했다. 그린 책으로는 《두근두근 역사여행 고려》《어린왕자》《키다리 아저씨》《마지막 수업》《잘난 척 기린 우화》《사자 똥이 뿌직!》《장화 신은 고양이》《이집트 대탈출》《우리들의 멋진 도서관》《거대한 바벨탑》 등이 있다.

역사 교과서 집필진이 쉽게 풀어 주는

술술 한국사 ❹ 개항기

1판 1쇄 발행 | 2015. 1. 5.
1판 10쇄 발행 | 2024. 12. 1.

송치중 글 | 심수근 그림 | 한철호 감수

발행처 김영사 | 발행인 박강휘
등록번호 제 406-2003-036호
등록일자 1979. 5. 17.
주소 경기도 파주시 문발로 197(우10881)
전화 마케팅부 031-955-3100 편집부 031-955-3113~20
팩스 031-955-3111

ⓒ 2015 송치중

값은 표지에 있습니다.
ISBN 978-89-349-6921-1 44900
      978-89-349-6917-4 (세트)

좋은 독자가 좋은 책을 만듭니다. 김영사는 독자 여러분의 의견에 항상 귀 기울이고 있습니다.
전자우편 book@gimmyoung.com | 홈페이지 www.gimmyoung.com

이 도서의 국립중앙도서관 출판시도서목록(CIP)은 서지정보유통지원시스템 홈페이지(http://seoji.nl.go.kr)와 국가자료공동목록시스템(http://www.nl.go.kr/kolisnet)에서 이용하실 수 있습니다. (CIP제어번호 : CIP2014028457)

|어린이제품 안전특별법에 의한 표시사항| 제품명 도서 제조년월일 2024년 12월 1일
제조사명 김영사 주소 10881 경기도 파주시 문발로 197 전화번호 031-955-3100 제조국명 대한민국
사용 연령 11세 이상 ⚠주의 책 모서리에 찍히거나 책장에 베이지 않게 조심하세요.

일러두기

1. 책 속에 들어간 인용문은 원문을 최대한 살리는 것을 원칙으로 하되, 읽고 이해하는 데 어려움이 있는 부분은 현대적 표현으로 바꾸어 실었습니다.

2. 찾아보기는 내용상 중요한 단어들로 뽑았으며, 본문에서도 색글자로 강조했습니다(단 중복해서 나오는 단어는 처음 한 번만 강조).

3. 어려운 용어나 덧붙여 설명할 내용이 있는 단어 앞에 •를 표기했습니다.

역사 교과서 집필진이 쉽게 풀어 주는

술술 한국사

4 개항기

송치중 글 | 심수근 그림 | 한철호 감수

주니어김영사

가장 뜨거운 화두인
한국사

　한국사는 오늘날 영토 갈등, 역사 왜곡 등 세계 여러 나라와 얽힌 이해관계 및 국내외의 정세와 맞물려 한층 그 중요성이 강조되고 있습니다. 또 얼마 전에는 '한국사 교과서 국정 교과서화' 논란이 다시 일기도 했지요. 이에 교육 현장에서는 올바른 역사 교육을 통한 역사 바로 세우기에 대한 관심이 높아지고, 구체적인 대책을 마련해 역사 교육을 강화하려는 방침을 세우고 있습니다. 2017학년도 수능부터 모든 수험생이 필수적으로 한국사를 응시하도록 하면서, 한국사의 중요성은 더욱 증대되고 있는 실정입니다. 더불어 강화된 정책만큼 한국사를 어떻게 가르치고 공부해야 하는지에 대한 교육 현장의 고민도 늘어나고 있습니다.

　우리나라 사람들이 역사에 가장 관심을 갖는 시기는 학창 시절입니다. 요즘은 초등학교 고학년부터 역사를 배웁니다. 그러다가 중학교 때 다시 배우기 시작하는 《역사 1》은 초등학교 역사에 비해 훨씬 어렵습니다. 정보량이 갑자기 폭발적으로 늘어나기 때문입니다.

　〈역사 교과서 집필진이 쉽게 풀어 주는 술술 한국사〉(이하 〈술술 한국사〉) 시리즈는 변화하는 역사 교육의 소용돌이 속에서 든든한 안내자 역할을 하며 다년간 교육 현장에서 역사 교육에 종사해 온 전문가들에 의해 기획되었습니다. 청소년의 수준을 고려해 쉽고 흥미롭게 한국사를 접할 수 있도록 내용을 선별하고 친절하게 서술하는 데 온힘을 쏟았기 때문에 어려워지는 한국사 수업에 침착하게 대처할 수 있게 합니다. 따라서 〈술술 한국사〉 시리즈는 수능시험에서 필수 과목으로 한국사에 응시해야 하는 현재의 중·고등학생들을 위해서라도 반드시 필요한 책이라고 생각합니다.

감수를 맡으면서 검토해 본 결과, 〈술술 한국사〉의 최대 장점은 최신 교과 과정과 이후 교과 개편 방향을 반영하면서도 술술 읽히도록 자연스럽게 풀어냈다는 점입니다. 암기식 학습으로 한국사에 흥미를 잃은 청소년들을 위한 반복 학습용으로 손색이 없다고 생각합니다. 특히 이 시리즈는 어느 한쪽으로 치우치지 않고 인물, 정치, 문화, 대외 관계 등을 흐름 속에서 파악할 수 있게 하는 한편, 내용의 흐름을 방해하지 않는 수준의 다양한 사진과 자료, 도표 등으로 내실을 강화했고, 중·고교 교과 이후에 알아도 될 정보는 과감히 빼, 기존의 초등학생들을 위한 흥미 위주의 역사서와 성인을 위한 난해한 역사 교양서의 중간 다리가 되어 줄 것입니다.

이 책의 또 다른 특징은 근현대사에 대한 비중을 높였다는 점입니다. 개항기와 일제 강점기를 전공한 저에게는 청소년 대상 근현대사 교육이 강화되는 것이 바람직하다고 생각합니다. 기존의 한국사 도서들은 조선 후기까지의 역사만 자세하게 다룰 뿐 근현대사의 미묘한 부분을 제외시키거나 간략하게 언급하고 넘어가는 정도였지만, 〈술술 한국사〉는 청소년들의 바른 알 권리를 위해 근현대사를 세 권의 분량으로 다루고 있는 점이 눈에 띕니다.

〈술술 한국사〉의 저자들은 교과서를 집필하고 실제 현장에서 역사 교육에 몸담고 있는, 이미 이 분야에서 실력을 검증받은 분들입니다. 아무쪼록 〈술술 한국사〉가 역사에 대한 학습 도우미를 넘어 청소년들의 역사관을 바로 세우는 데 일조할 것을 기대합니다.

감수자 대표 한철호

숨 막히고 치열했던 시대,
개항기

　19세기는 서양의 제국주의 국가들이 전 세계를 누비며 식민지를 건설하던 폭력과 억압의 시대였습니다. 아메리카와 아프리카에서 수탈을 자행하던 서양의 제국주의 국가들은 이후 인도를 돌아 동아시아로 그 방향을 틀었습니다. 당시 동아시아는 청나라, 즉 중국을 중심으로 국제 질서가 세워져 있었습니다. 19세기의 조선은 세도 정치로 인해 백성들의 삶이 피폐해져 있었으며, 지배층이었던 양반은 성리학만을 탐독하며 실생활에는 큰 관심을 두지 않았습니다.

　그러던 때에 서양은 발달된 근대 문물과 제도를 내세우며 조선에 침략적 접근을 해왔고, 당시 집권자이던 흥선 대원군은 이를 강하게 거부했습니다. 이후 조선은 군사력을 동원한 일본의 강압에 못 이겨 강화도 조약을 맺고 수많은 사건을 겪으며 제도의 개혁을 거치게 되었습니다. 이 당시의 사회 지도자 층에는 개방으로 서양처럼 빠르게 발전하기를 원했던 개화파와, 조선의 전통 질서를 지키며 서양은 싸워 물리쳐야 한다는 위정척사파가 있었습니다. 두 집단 중 누가 옳고 그르다고 말하기에 앞서 각자 자신이 처해 있는 상황에서 현실을 판단하고 나라와 백성을 위해 그 생각을 실천에 옮겼다는 사실을 이해하는 것이 중요합니다.

개항기는 종래의 봉건적 사회 질서를 타파하고 근대적 사회를 지향하던 시기를 말합니다. 어쩌면 우리나라의 개항기는 실패의 연속으로 보일 수도 있습니다. 외세에 억눌려 부당한 대우를 받은 것에 안타까움과 억울함을 느낄 수도 있고, 이웃 나라인 일본처럼 성공적인 개항을 하지 못한 것에 실망할 수도 있습니다. 하지만 개항기에 우리나라 사람들이 외세에 무기력하게 당하고만 있었던 것은 아닙니다. 오히려 백성들은 그 어느 때보다 나라를 위해 치열하게 고민하고 봉기했습니다.

혁신 정부를 세우기 위해 갑신정변을 일으키고, 탐관오리의 수탈과 외세의 침입에 저항해 세상과 백성을 구제하고자 동학 농민 운동을 일으켰습니다. 우리나라의 자주독립과 내정 개혁을 위해 독립 협회를 만드는 등, 수동적인 백성들이 능동적인 민중으로 변하는 모습도 볼 수 있습니다. 또한 을사늑약을 전후로 망해 가던 나라를 살리고자 일어난 의병 운동과 세상을 깨우치기 위해 계몽 운동을 펼친 사실은, 당시 상황을 고려할 때 매우 희망적이고 긍정적인 모습이었습니다. 이러한 개혁과 시도들이 비록 그 순간에는 실패로 끝이 났지만, 역사의 큰 흐름에서 볼 때는 우리나라가 한 걸음 더 성장한 것이었습니다.

여러분도 이 책을 통해 우리 민족에 대한 희망을 발견하기를 바랍니다. 더불어 개항기에 서양으로부터 어떤 것을 배우고 어떤 자세로 받아들였는지, 서양의 문물과 제도가 일본을 통해 어떻게 왜곡되어 우리에게 전해졌는지 파악하는 시간이 되길 빕니다.

마지막으로 지난해부터 올 가을까지, 지난 10년간 학교 현장에서 학생들을 가르치며 쌓은 수많은 노하우를 이 책에 담기 위해 고민했던 시간들이 스쳐 지나갑니다. 바쁜 일정 가운데 기꺼이 도움을 주신 한철호 교수님과 여러 선생님들 그리고 가족 모두에게 머리 숙여 감사드립니다.

송치중

차 례

추천사

머리말

3장 새로운 문물의 수용과 사회 변화

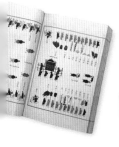

4장 일제의 국권 침탈과 국권 수호 운동

1장

외세의 침략적 접근과 개항

1800년에 정조가 승하한 후, 조선은 국내외적으로 큰 변화를 겪었어요. 안으로는 60여 년간 계속된 세도 정치로 정치 기강이 문란해졌고, 밖으로는 서양의 제국주의 국가들이 청나라와 일본을 잇달아 개항시키며 침략적 접근을 시도했거든요. 그 피해는 백성들에게 고스란히 돌아갔지요. 안팎으로 어려움에 처한 조선이 시대의 흐름에 따라 근대 국가를 수립하고 국권을 지켜 나가기 위해 어떠한 노력들을 기울였는지 살펴보도록 해요.

흥선 대원군의 개혁

■ **흥선 대원군(1820~1898)** 대원군이란 임금이 대를 이을 자손이 없어, 직계에서 갈라져 나온 친계로 왕위를 이은 임금의 친아버지에게 주던 벼슬이다. 흥선 대원군은 살아 있을 때 유일하게 대원군에 봉해진 인물이다.

18세기 말부터 조선 해안 곳곳에 서양의 배들이 하나둘씩 출몰했어요. 그러던 것이 19세기 초반에 접어들자 항해 중 물자가 부족하다는 것을 이유로 내세우며 많은 배들이 조선 해안을 드나들곤 했지요. 조선은 인도적인 차원에서 이들에게 물자를 보충해 주었어요. 그 외에도 서양 세력은 무역제안, 식민지 개척을 위한 해안 측량, 항로 개척 또는 포경 등 원양어업 등의 이유를 들며 드나들었지요.

그즈음 동아시아의 맹주였던 청나라가 영국과의 전쟁에서 크게 패했다는 소식이 조선에 전해졌어요. 바로 아편 전쟁이었어요. 청나라가 속수무책으로 당했다는 사실은 서양 세력에 대한 두려움을

▌**아편 전쟁(1840~42)** 이후 청나라는 난징 조약을 맺고 영국에 개항했다.

주기에 충분했어요. 게다가 곧이어 벌어진 제2차 아편 전쟁에서도 청나라가 대패하면서 조선 사회는 적지 않은 충격을 받았지요.

1854년, 일본도 미국에 의해 개항되었어요. 그러자 서양에 대한 경계심을 늦추지 않았던 대다수 조선의 지배층과 달리, 일각에서는 서양의 학문과 기술에 관심을 보이기 시작했지요.

서양의 배들이 여기저기에서 출몰하고 있을 무렵, 조선에는 잇따라 어린 왕이 즉위하면서 왕권이 크게 약화되었어요. 어린 왕을 앞세워 왕의 외척이었던 몇몇 가문이 권력을 잡았어요. 이들은 자신의 가문에서 왕비를 배출하고, 이를 연결 고리 삼아 권력을 차지하곤 했답니다. 이처럼 왕실의 근친이나 신하가 권력을 잡고 온갖 정사를 마음대로 하는 정치를 세도 정치라고 해요. 안동 김씨와 풍양 조씨가 가장 강력한 세도 가문이었지요. 3대 60여 년 동안 이어진 세도 정치로 정치 기강이 무너졌고, 이렇게 되자 관직을 사고파는 일이 비일비재해졌어요. 관직을 산 관리들은 자신이 뇌물로 쓴 비용 이상의 재물을 마련하기 위해 백성들을 마구 수탈했지요. 이 과정에서 조선 재정의 근간을 이루던 전정·군정·환곡 세 가지 수취 체제가 변질되어 문란해졌어요. 이를 *삼정의 문란이라고 해요.

서양 제국주의 세력의 동아시아 출현과 삼정의 문란 등으로 조선 사회가 불안해지면서 백성들 사이에 각종 예언 사상과 천주교, 동학 등의 종교가 퍼졌어요.

1862년 임술년에는 경상도에서 일어난 농민 봉기를 시작으로 전국적으로 수십 건의 농민 봉기가 연이어 일어났어요. 대표적인 농민 봉기로는 진주 농민 봉기가 있는데, 경상우도 병마절도사였던 백낙신의 수탈을 견디지 못한 농민들이 들고 일어난 것이지요. 정부는 봉기를 진압한 뒤 주동자들을 잡아 교수형에 처하는 한편, 봉기의 원인이 되었던 탐관오리들을 귀양 보내며 강경하게 대처했어요. 하지만 이러한 조치는 미봉책이었을 뿐 근본적인 문제는 해결되지 않았어요.

19세기 중반에 발생했던 농민 봉기는 모두 실패로 끝이 났어요. 하지만 이후 백성들은 적극적으로 자신의 입장을 내세우며 저항하기 시작했지요. 결과적으로 보면 세도 정치의 폐해는 백성들의 사회의식을 성장시켰고, 이들이 일으킨 수많은 농민 봉기는 조선 정부의 통치력을 약화시키는 것으로 이어졌어요.

국내외적으로 혼란스러웠던 1863년, 철종이 서른세 살의 젊은 나이에 후사 없이 승하하자, 흥선군의 둘째 아들인 명복이 열두 살의 나이로 왕위에 올랐어요. 그가 바로 조선의 제26대 임금인 고종이랍니다. 어린 고종을 대신해 권력을 잡은 흥선대원군은 왕권을 강화하고, 정치 체제를 정비하고자 여러 분야에서 노력했어요.

삼정의 문란 전정과 군정은 탐관오리들이 정해진 양 이상으로 곡식을 거둬들임으로써, 환곡은 세금화됨으로써 농민들에게 큰 고통을 주었다.

나는 천리를 끌어다 지척을 삼겠으며 태산을 깎아 내려 평지를 만들고, 또한 남대문을 3층으로 높이려 하는데 공들은 어떠시오?

— 《매천야록》(황현)

여기서 '태산'은 세도 가문과 당시의 권력층이던 노론 세력을, '남대문'은 능력은 있으나 세력이 없어 관직에 오르지 못하는 남인들을 상징하는 말이에요. 나라의 정치 기강이 문란하고 백성들의 삶이 어려워진 근본적인 이유가 세도 정치에 있다고 판단한 흥선 대원군은 세도 정치의 중심에 서 있던 안동 김씨 세력을 정계에서 몰아냈어요. 태산을 깎아 버린 것이지요. 더불어 당파와 신분을 가리지 않고 능력 있는 인재를 골고루 등용하려 노력했어요. 남대문을 3층으로 올린 것은 이것을 뜻해요.

흥선 대원군은 조선 후기 권력의 중심이던 비변사를 폐지하고, 의정부의 기능을 부활시켜 왕권 중심의 통치 기반을 만들고자 했어요. 《대전회통》, 《육전조례》 등의 법전을 새로 편찬하며 통치 체제도 정비했지요. 또 흥선 대원군은 실추된 왕실의 권위를 세우기 위해 경복궁을 중건하려 했어요. 본래 최초의 경복궁은 조선 건국 초에 지어졌어요. 하지만 임진왜란 때 화재로 소실된 이후, 그대로 방치되어 있었지요.

원만히 진행되던 경복궁 중건 공사에 점차 문제가 발생하기 시작했어요. 왕이 거주할 큰 궁궐을 짓다 보니 엄청난 돈이 소요될 수밖에 없었거든요. 결국 흥선 대원군은 원납전이라고 하는 기부금을 걷기 시작했어요. 양반들은 물론, 백성들에게까지 열심히 기부금을 거둬들이면서 경복궁 공사는 다시 차질 없이 진행되었지요.

그러던 어느 날, 건축 중이던 경복궁에 큰 화재가 발생했어요. 화재로 많은 손실이 있었지만 흥선 대원군은 경복궁 중건을 향한 의지를 꺾지 않았어요. 더 많은 돈이 필요해진 흥선 대원군은 원납전을 강요하기 시작했어요. 원납전은 본래 '원하는 만큼 납부하는 기부금'이었는데 '원망하면서 내는 기부금'으로 바뀔 정도로 백성들의 불만은 점점 커졌어요.

그러나 원납전으로도 공사 비용을 충당하기 어려워지자 흥선 대원군은 백성들에게 각종 세금을 부과했어요. 백성들을 강제로 공사에 동원하기도 하고, 도성문을 통과하는 물건에까지 세금을 거두었지요. 여기에 고액 화폐인 당백전을 발행하면서 흥선 대원군의 인기는 급격히 떨어졌어요. 당백전은 '상평통보 100개에 해당되는 돈'이라는 뜻이었지만 실제 가치는 100배에 못 미쳤지요. 이러한 이유로 당백전의 발행은 도성 안의 물가를 크게 상승시켰고, 백성들에게 큰 고통을 주었어요. 흥선 대원군은 끝내 경복궁을 완공시켜 왕실의 위엄을 높이는데에는 성공했지만 이처럼 무리한 공사 진행으로 백성들에게 불만을 사기도 했답니다.

이렇듯 왕권 강화의 의지가 강한 흥선 대원군이었지만 그는 집권 초기부터 백성들의 삶을 어루만지려는 노력도 게을리하지 않았어요. 우선 세도 정치로 인해 지방 곳곳에서 벌어지던 삼정의 문란을 개혁하려 했어요. 토지 대장에서 누락된 토지를 찾아내 세금을 부과하고, 양반들에게도 일반 백성들과 마찬가지로 호포를 부과했어요. 호포법의 시행에 양반들은 저항했어요. 자신들이 일반 백성들과 똑같이 세금을 내야 한다는 사실에 격분했지요. 하지만 흥선 대원군의 의지는 단호했고, 결국 양반들은 호포를 내야 했어요. 이때 양반들은 자신이 소유한 노비의 이름으로 호포를 납부했는데 이는 양반으로서의 마지막 자존심을 굽힐 수 없었기 때문이었답니다.

나라 제도로서 사람들에게 부과한 세금은 충신과 공신의 자손에게는 모두 면제되고 있었다. 대원군은 이를 수정하고자 동포법(호포법)을 제정했다. 조정 관리들이 반대하자 "충신과 공신이 이룩한 사업도 종사와 백성을 위한 것이 었다. 지금 그 후손이 면세를 받기 때문에 일반 평민이 법에 정한 세금보다 무 거운 부담을 지게 된다면 충신의 본래 뜻이 아닐 것이다."라고 하며 그 법을 시행했다.

─《근세조선정감》(박제형)

　홍선 대원군은 문란해진 삼정 중에서 백성들을 가장 혹독하게 괴롭혔던 환곡을 폐지했어요. 환곡은 본래 봄에 양식이 떨어진 농민들에게 곡식을 대여해 주고 가을에 추수해 갚게 하는 좋은 취지를 가지고 있었지만, 악용되면서 백성들의 원성을 샀던 제도예요. 홍선 대원군은 환곡의 취지를 살린 사창제를 실시하게 하고 마을에서 가장 덕망 있는 사람을 뽑아 관리하게 했어요. 이러한 과정을 통해 홍선 대원군은 백성들의 삶을 안정시키고 세금을 원활하게 거둘 수 있는 기반을 만드는 데 성공했어요. 백성들의 삶에 긍정적인 영향을 주었던 개혁 정책 덕분에 홍선 대원군은 백성들에게 정치적 지지를 얻을 수 있었지요.

　또한 홍선 대원군은 서원 철폐를 명령했어요. 본래 서원은 옛 성현에게 제사를 지내고 학생들을 가르치는 곳이에요. 유학의 한 계통인 성리학을 국가 통치 이념으로 삼았던 조선에서는 성리학을 공부하는 학생들과 그들을 가르치는 서원을 위해 면역과 면세의 혜택을 주었어요. 하지만 세월이 흐르면서 서원의 본래 목적은 퇴색되었어요. 공부는 뒷전인 이들이 서원에 학생으로 등록해 면역세의 혜택을 누리며 평상시에는 농민들을 가혹하게 수탈하는 데 열을 올렸지요. 결국 서원이 학문을 갈고 닦는 교육 기관이 아닌, 백성들의 피와 땀을 수탈하는 기관으로 전락한 거예요.

> 사족이 있는 곳마다 평민을 못살게 굴지만 가장 심한 곳이 서원이었다. ······
> 대원군이 영을 내려 나라 안의 서원을 죄다 허물고 서원의 유생들을 쫓아 버
> 리도록 했다.
>
> ─《근세조선정감》(박제형)

　서원 철폐 명령에 전국에서 수많은 유생들이 흥선 대원군에게 명령을 거두어
달라며 끊임없이 상소문을 올렸어요. 하지만 흥선 대원군은 도둑의 소굴이 된
서원은 공자가 살아 돌아올지라도 없앨 것이라며 결연한 의지를 보였답니다. 결
국 전국에서 역사적으로 가치가 높았던 전국 47개소의 서원만 남고 나머지 서원
은 정리되었어요. 흥선 대원군의 개혁은 왕권을 강화하고 백성들의 삶을 안정시

▌**소수 서원** 우리나라 최초의 서원으로, 본래 이름은 백운동 서원이었으나 1550년 명종 때 소수 서원이라 사액되었다.
흥선 대원군의 서원 철폐 명령에도 살아남은 서원이다.

┃**운현궁** 조선의 왕은 즉위식을 할 때, 돌아가신 선왕이 종묘에 안치된 후 종묘에서 즉위해 궁궐로 돌아왔다. 그러나 고종은 아버지인 흥선 대원군이 살아 있는 관계로 아버지의 거주지였던 운현궁에서 국왕으로 즉위했다.

켜 국가 재정을 안정적으로 확보하는 데 그 목적이 있었어요. 백성들의 삶이 나아져야만 세금을 원활히 걷을 수 있고, 세금이 제대로 걷혀 재정이 확보되어야만 왕권을 뒷받침할 수 있었기 때문이지요.

흥선 대원군은 왕이 아니라 왕의 아버지일 뿐인데 어떻게 왕처럼 개혁을 실시할 수 있었을까요? 당시에는 왕이 어린 나이에 왕위에 오르면 왕실의 어른이 뒤에서 섭정을 하게 되어 있었어요. 고종 역시 어린 나이에 왕위에 올랐기 때문에 처음에는 당시 왕실의 가장 웃어른인 조대비가 왕의 뒤에서 발을 치고 정책을 결정했지요. 이후 고종의 친아버지인 흥선 대원군이 왕의 조언자 역할을 맡으면서 고종의 양어머니인 조대비의 섭정은 형식적인 것이 되어 버렸고 왕의 모든 명령은 흥선 대원군에게서 나왔어요. 이를 '대원위분부'라고 하는데 대원군의 분부, 즉 명령이라는 뜻이에요. 이처럼 1864년부터 10년간 조선의 국정은 흥선 대원군을 통해 운영되었답니다.

흥선 대원군의
통상수교 거부 **정책**

　1627년, 조선 남부의 해안가에 생김새가 특이한 세 외국인이 상륙했어요. 이들은 일본으로 항해하다 배가 난파되어 표류하던 중, 물을 구하기 위해 잠시 상륙했다가 주민들에게 붙들려 서울로 이송된 벨테브레이 일행으로, 네덜란드 선원들이었지요. 이후 벨테브레이 일행은 5군영 중 하나인 훈련도감에 소속되어 대포 제작과 사용법을 지도했어요. 그러다 병자호란이 벌어져 조선군으로 참전했고 벨테브레이를 제외한 두 명이 전사하고 말았지요. 한편 벨테브레이는 박연이라는 조선 이름도 만들고 조선 여성과 결혼해 1남 1녀를 두는 등 조선에 정착했어요. 이전에도 두어 차례 조선을 거쳐 갔던 서양인들이 있었지만 실질적으로는 벨테브레이 일행을 조선에 정착한 첫 번째 서양인으로 본답니다.

　이후 1653년에 또 다른 외국인 일행이 조선 해안에 모습을 나타냈어요. 이들이 발견된 장소는 제주도 남부 해안으로, 하멜을 포함한 36명의 네덜란드 선원들이었지요. 하멜 일행은 대만을 떠나 일본의 나가사키로 항해하던 중 태풍을 만나 배가 부서지고 말았어요. 제주도에 표류한 하멜 일행은 그곳 주민들에게 붙잡혀 제주 목사에게 넘겨졌어요. 당시 이미 조선인으로 살고 있던 박연(벨테브레이)과 만난 이후 이들은 이듬해인 1654년에 서울로 압송되었지요.

하멜 일행은 세계를 넘나들던 원거리 교역 선원들이었기 때문에 별자리와 달력에 능통했고 조총과 대포를 능숙하게 다룰 줄 알았어요. 이에 효종은 하멜 일행을 훈련도감에서 군인으로 복무하게 하고, 조총과 의복, 식량 등을 지급했지요. 하멜 일행은 당시 훈련도감에서 근무하던 박연의 감독을 받았어요. 각기 다른 시기에 조선에 온 네덜란드 인들이 조선에 함께 정착하게 된 거예요.

그러나 그로부터 13년 후, 하멜 일행의 수는 열여섯 명으로 줄었어요. 이들 중 여덟 명은 일본으로 탈출해 그들이 본래 가려고 했던 나가사키로 갔어요. 이후 조선 정부가 도쿠가와 막부의 요청에 응해 나머지 네덜란드 인들도 일본으로 보내면서 하멜 일행은 네덜란드로 돌아갈 수 있었지요. 고국으로 돌아간 하멜은 조선에 억류되어 있었던 13년간의 이야기를 책으로 집필했고, 하멜의 이야기는 유럽 곳곳으로 퍼져 나갔어요. 하멜의 이야기가 알려지면서 네덜란드의 동인도 회사는 배 이름을 코레아호라고 짓고 조선과의 무역을 시도했지만, 모두 실패하고 말았어요. 하멜의 책은 유럽이 조선을 이해하는 유일한 통로가 되었지만 이후 조선은 유럽 인들의 관심에서 점점 멀어졌답니다.

서양인들이 조선에 다시 모습을 드러낸 것은 19세기였어요. 이들 대부분은 중국과 일본을 왕래하던 서양 상인들로, 교역 도중 필요한 물이나 식량을 구하기 위해 한반도에 잠시 머물렀지요.

그러던 중 1861년 10월 원산에서 러시아 함대가 통상을 요구해 왔어요. 이어 1864년에는 두만강 건너편에서 러시아 인들이 통상을 요구했지요. 하지만 조선 정부는 이를 모두 거절했어요. 러시아 함대가 돌아간 후, 흥선 대원군은 급변하고 있는 국제 정세에 관심을 기울였어요. 홍선 대원군은 러시아의 남하를 경계하기 위해 프랑스를 끌어들이고자 했지요.

당시 조선에는 프랑스 선교사 열두 명이 머물며 천주교를 전파하고 있었는데 조선의 지배층은 천주교를 탐탁지 않게 여겼어요. 그 이유는 조상에 대한 제사도 거부하는 천주교의 교리가 조선 사회를 혼란하게 만들 것이라고 생각했기 때문이에요.

하지만 홍선 대원군에게는 천주교 교리에 대한 우려보다 프랑스의 힘을 빌리는 것이 더 중요했어요. 당시 프랑스는 베트남 남부를 점령하고, 영국과 함께 제2차 아편 전쟁에서 청나라를 제압한 서양의 강국이었거든요. 그러나 프랑스의 선교사들은 홍선 대원군의 정치적 의도에는 관심이 없었어요. 오로지 천주교를 포교하는 일에만 관심이 있었지요. 프랑스와의 외교 관계에 아무런 진전이 없자 홍선 대원군은 결국 천주교를 금지하라는 여론에 따라 천주교를 대대적으로 탄압했어요. 이에 신부 열두 명 중 아홉 명이 처형당하고 수많은 천주교 신자들이 목숨을 잃었지요. 이 사건을 1866년 병인년에 일어난 천주교 박해라고 해서 병인박해라고 불러요.

> 1866년 3월에 조선의 프랑스 선교사 아홉 명이 조선인 사제 두 명 그리고 남녀노소를 불문한 엄청난 수의 조선 천주교 신자들과 함께, 조선 왕의 명령에 따라 가장 끔찍한 방식으로 학살당했습니다. …… 며칠 내로 우리 군대는 조선 정복에 착수할 것입니다.
>
> – 주중 프랑스 공사, 앙리 드 벨로네의 글

프랑스 신부인 리델은 병인박해 당시 조선을 탈출해 톈진에 머무르고 있던 프랑스 해군 제독 로즈에게 이 사건을 알렸어요. 조선인 천주교 신자가 8000명 이상 학살되었다는 소식을 들은 로즈는 같은 해 9월에 군함 세 척을 이끌고 조선으로 향했지요.

로즈는 인천 앞바다를 통과해 강화도 나루터와 서울 근교의 양화진까지 정찰한 후 돌아갔어요. 그리고 다시 군함 일곱 척을 이끌고 와 강화성을 공격했지요. 로즈가 이끄는 프랑스 함대는 문수산성에서 한성근이 이끄는 부대의 공격을 받고 패퇴했어요. 그 뒤 다시 정족산성을 공략하려 했지만 양헌수가 이끄는 부대에 막혀 돌아갈 수밖에 없었지요. 그러자 로즈는 관아에 불을 지르고 약탈하는 것도 모자라 강화도에 있던 왕실 도서관인 외규장각에 들러 각종 도서와 보물들을 훔쳐 청나라로 달아났어요. 이 사건을 병인년에 일어난 서양 오랑캐의 난이라고 해서 병인양요라고 부른답니다.

▎**외규장각 주위를 진군하는 프랑스군** 조선을 침략했던 프랑스군은 퇴각하면서 외규장각을 불태우고, 중요한 도서와 의궤 등을 약탈해 갔다.

이곳(강화도)에서 감탄하면서 볼 수밖에 없고 우리의 자존심을 상하게 하는 것은, 아무리 가난한 집이라도 어디든지 책이 있다는 사실이다.

– 《조선원정기》(쥐베르)

　프랑스의 해군이었던 쥐베르가 남긴 글을 보면 강화도를 약탈했던 프랑스군은 모든 사람들이 책을 소장하고 있다는 점에서 조선이 가진 문화적 힘에 놀랐던 것 같아요. 당시 프랑스군이 가져간 외규장각 도서는 상당히 중요한 가치를 지니는 보물이었어요. 조선의 제22대 왕이었던 정조는 수도의 왕실 도서관인 규장각에 보관된 중요한 도서들이 전쟁이나 화재로 소실될 것을 우려해, 강화도에 외규장각을 지어 중요한 도서들을 추가적으로 보관하도록 했어요. 외규장각에 보관 중이던 도서들은 국가나 왕실의 중요 행사를 글과 그림으로 남긴 의궤들로, 역사적 가치가 매우 높은 것들이었답니다.

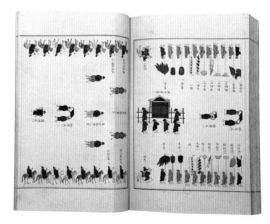

▌**외규장각 어람용 의궤** 의궤를 만드는 이유는 국가의 중요한 의식을 하나의 본보기로 남겨 두어 이후에 참조해 그대로 행사를 치를 수 있게 하기 위함이다. '어람용'은 왕의 열람을 위해 제작했다는 뜻이다.

이 외규장각 도서는 프랑스의 국립 도서관 별관 창고에 폐지로 분류되어 있다가 1975년에 박병선 박사가 이를 발견하면서 세상에 알려졌어요. 1990년대에 들어서며 우리 정부는 파리 국립 도서관에 소장되어 있던 외규장각 도서의 반환을 공식적으로 요청했어요. 그러나 프랑스 정부는 무반응으로 일관하다가 이후 우리나라의 고속 철도 사업을 놓고 독일과 경쟁을 벌이게 되자, 그제야 외규장각 도서를 반환하겠다는 뜻을 비쳤어요. 그러나 이후 프랑스 정부는 말을 바꾸어 외규장각 도서를 돌려주지 않았어요. 또 한 번 외규장각 도서를 강탈한 셈이었지요.

외규장각 도서의 반환 문제는 2010년에 다시 논의된 끝에 '5년 단위의 갱신이 가능한 대여' 방식으로 마무리되었어요. 외규장각 도서의 반환은 환영할 만한 일이었지만, 반환의 형식은 아쉬움을 남겼어요. 이는 외규장각 도서의 소유권이 여전히 프랑스에 있다는 것을 의미하기 때문이에요. 2011년 네 차례에 나누어 고국에 어렵게 돌아온 외규장각 도서는 현재 서울에 위치한 국립중앙박물관에 소장되어 있답니다.

> 너희 나라와 우리나라 사이에는 원래 왕래도 없었고 은혜를 입거나 원수를 진 일도 없었다. 이번 덕산 묘지에서 너희들이 저지른 사건은 사람으로서 차마 할 수 없는 일이다. 또한 무기를 빼앗고 백성들의 재물을 강탈하는 것도 사리를 따져 보았을 때 용납할 수 없다. 우리나라 신하와 백성들은 있는 힘을 다해 한마음으로 네놈들과 같은 하늘을 이고 살 수 없다는 것을 다짐할 뿐이다.
>
> ─《고종실록》

이 글은 오페르트의 남연군 묘 도굴 미수 사건이 벌어진 이후 조선 정부의 입장을 잘 보여 주고 있어요. 이 사건의 주인공이자 독일 상인인 오페르트는 1866년에 충남 아산만과 강화도의 갑곶진에서 통상을 요구하다 거절당한 전력이 있는 사람이에요. 1868년에 오페르트는 미국의 지원을 받아 충청남도 덕산에 잠입해 또다시 조선에 통상을 요구했어요. 그는 조선과의 통상을 위해 극단적인 방법을 택했어요. 덕산에 위치한 남연군의 무덤을 파헤친 것이지요. 남연군은 흥선 대원군의 아버지로, 오페르트는 남연군의 시신을 도굴해 조선 정부와 통상 협상을 벌이려고 했어요. 이 사건은 미수로 끝났지만, 조선 사회에 커다란 반향을 불러일으켰어요. '서양 오랑캐는 금수의 무리'라는 조선 지배층들의 생각이 더욱 명확해졌지요. '효'를 중시하던 조선에서 조상의 무덤을 파헤친 오페르트의 행동은 도저히 상식적으로 이해할 수 없는 일이었어요. 결국 오페르트의 남연군 묘 도굴 미수 사건으로 서양인과 천주교에 대한 반감이 확산되고 말았답니다.

1866년에는 톈진에서 출발한 미국 무장 상선인 제너럴셔먼호가 평안도 대동강에 나타나 통상을 요구했어요. 조선 정부가 이를 거부하자 제너럴셔먼호의 선원들은 평양에 들어와 조선인을 죽이고 물건을 약탈했지요. 이들의 행동에 분노한 평안감사 박규수와 평양 백성들은 제너럴셔먼호를 불태워 버렸어요. 이를 제너럴셔먼호 사건이라고 해요.

박규수가 평안감사가 되었다. 미국인 최란현(토마스)이 군함 한 척을 이끌고 밀물을 타고 대동강으로 들어왔다가 썰물이 되자 움직이지 못했다. 박규수가 상금을 걸고 그들을 붙잡을 수 있는 자를 구했는데 한 장교가 나섰다. 그는 조2만 고깃배 수백 척을 모아서 땔감을 가득 실어 불 지르게 하고, …… 군함 안에 있는 인화물에다 불을 지르자 군함 전체가 다 타 버렸다.

－《매천야록》(황현)

1871년 4월, 미국의 로저스 제독이 군함 다섯 척을 이끌고 강화도 앞바다로 쳐들어왔어요. 이들의 목적은 제너럴셔먼호 사건을 구실로 조선과 통상을 하는 것이었지요. 로저스는 해병대를 상륙시켜 강화도 초지진을 함락하고 광성보를 공격했어요. 이에 어재연 등의 조선군이 광성보에서 미군에 맞서 용감히 싸웠지만 결국 패배하고 말았어요. 하지만 미군 역시 조선군의 격렬한 저항에 부딪쳐 큰 피해를 입고 철수했지요. 결국 미국의 함대는 조선에서 아무런 성과도 거두지 못한 채 돌아갔어요. 이 사건을 1871년 신미년에 일어난 서양 오랑캐의 난이라고 해서 신미양요라고 부른답니다.

▌**덕진진** 신미양요 때 미국 해병은 덕진진을 점령했다.

해문방수비 외세에 문호를 개방하지 않으려는 의지를 보여 준다.

항해 중 표류해 조선에 첫발을 들여놓은 서양인들은 이후 통상을 거부당하자, 약탈과 도굴, 살인에 이르기까지 점점 더 극악한 방법으로 조선을 침략하려고 했어요. 하지만 두 차례의 양요를 잘 막아 낸 흥선 대원군은 통상 수교 거부 정책을 더욱 강력하게 추진했어요. 통상 수교 거부 정책이란 서양과의 통상이나 수교를 거부하는 정책을 말해요. 즉 교역을 하거나 외교를 맺는 것을 거절한 거예요. 흥선 대원군은 서양의 통상 요구를 더욱 굳건히 물리치기 위해 군대를 조직하고 강화도와 인천 해안 지역의 방어력을 보강했어요.

1867년에 흥선 대원군은 강화도에 해문방수비를 세우고 "바다의 문을 막으니 타국의 배는 함부로 지나가지 말 것"이라는 글귀를 새겨 넣도록 했어요. 이는 서양 세력을 향해 조선에 함부로 들어오지 말라고 경고하는 내용이었지요. 또 신미양요를 겪은 1871년에는 전국 곳곳에 척화비를 세웠어요. 척화란 화친하자는 논의를 배척한다는 뜻이에요. 척화비에는 "서양의 오랑캐가 침범했을 때 싸우지 아니하는 것은 화의를 주장하는 것이요, 화의를 주장하는 것은 나라를 파는 것이다."라는 글이 새겨져 있어요. 이를 통해 통상 수교 요구를 빙자한 침략에 적극적으로 맞서려는 흥선 대원군의 의지를 엿볼 수 있지요.

청나라와 일본을 포함해 당시 동아시아 지역은 서양의 침략을 막아 내지 못하고 있었어요. 그러나 흥선 대원군이 이끄는 조선은 서양의 침략을 연이어 격퇴하며 통상 수교 거부 정책을 지켜 나갔지요. 하지만 흥선 대원군의 이러한 정책은 당시 국제 정세를 정확히 파악하지 못했다는 점에서 한계를 지녀요. 게다가 서양 근대 문물의 장점을 배울 기회를 막아섰다는 점에서도 그렇고요.

▍**척화비** 서양 오랑캐의 침략에 적극적으로 맞서려는 의지를 보여 준다.

강화도 조약의 체결과 개항

흥선 대원군이 권력을 잡고 통치한 지도 벌써 10년이 흘렀어요. 그 사이 고종은 이미 성년이 되었고, 민치록의 딸과 결혼도 했지요. 그러던 어느 날이었어요. 여느 때와 같이 입궐하려는 흥선 대원군을 누군가 막아섰어요. 고종이 흥선 대원군에게 궁궐의 문을 열어 주지 말라는 명을 내린 거예요.

흥선 대원군은 분노했지만, 고종은 그런 흥선 대원군을 외면했어요. 성인이 된 자신이 직접 왕권을 행사해야 한다고 생각했기 때문이에요. 호조참판 최익현 등은 상소문을 통해 흥선 대원군의 정책을 정면으로 비판했어요.

> 지금의 몇 가지 문제는 실로 전하께서 어린 나이에 아직 정사를 전적으로 맡아서 하지 않고 계실 때 생긴 것들이니, 모두 다 스스로 초래하신 잘못은 아닙니다. 다만 일을 맡긴 신하가 총명을 가리고 제멋대로 하고 나라의 기강이 해이하게 되어 오늘날의 고질적인 폐단이 있게 된 것입니다.
>
> 《승정원일기》(최익현)

이렇게 고종의 친정은 시작되었어요. 고종은 흥선 대원군이 임명한 관리들 대신 중전 민씨의 친척들로 조정을 채웠고, 이들은 곧 권력의 핵심으로 떠올랐지요.

흥선 대원군이 물러난 후, 조선 내부에서는 그동안 고수해 온 통상 수교 거부 정책을 바꾸어야 한다는 주장이 조심스럽게 제기되기 시작했어요. 평안감사로 제너럴셔먼호를 불태웠던 박규수는 서양과의 군사적 충돌을 피하고 그들의 문물을 받아들여야 한다고 주장했지요. 하지만 대다수의 대신과 관리들에게 서양과의 통상은 받아들이기 어려운 문제였어요.

그런데 그때 약 20여 년 전 이미 서양에 문호를 개방했던 일본이 조선을 개항시키려는 움직임을 보였어요. 1875년 9월에 있었던 운요호 사건이 바로 그것이에요. 일본은 과거 미국이 강제로 자신들을 개항시켰던 방식 그대로 조선을 개항시키려 했어요. 운요호라는 군함을 강화도 앞바다로 보내 일부러 조선군과 교전을 벌인 거예요. 운요호는 초지진을 집중 포격한 뒤 상륙해 강화도 곳곳을 습격하고 사람들의 목숨을 빼앗았어요. 그런 후 나가사키로 복귀했지요.

운요호 사건을 꼬투리 삼아 일본 측은 육군 중장이던 구로다를 파견했지요. 조선 정부는 당시 무관이던 신헌을 전권대신으로 임명하고 강화도로 파견했어요. 1876년 1월, 강화도 관아에 위치한 연무당에서 조선과 일본의 회담이 열렸어요. 회담이 열리는 내내 일본은 함정 여섯 척을 이용해 무력시위를 하며 조선을 압박했지요. 조선은 우방이던 청나라에 자문을 구했지만, 당시 러시아와의 영토 갈등으로 조선에 신경을 쓸 여유가 없었던 청나라는 방관하는 태도를 보였어요. 결국 조선은 일본과 옛 우호를 회복한다는 명분 아래 2월 27일, 일본이 내민 외교 문서에 서명하고 말았어요. 이 조약을 흔히 강화도 조약이라고 부르지만 공식 명칭은 조·일 수호 조규예요. 강화도 조약은 조선이 맺은 최초의 근대적 조약이자 불평등한 조약이었어요.

　당시 조선은 고종의 친정 이후 서양 문물에 관심을 보이며 적극적으로 개항하는 쪽으로 대외 정책을 전환하고 있었어요. 하지만 당시 급변하는 세계의 상황이나 만국 공법(국제법)에 대한 이해가 너무도 부족했어요. 이와 반대로 일본은 20여 년 전 개항한 이래 유럽에 사절단을 보내 서양의 문물과 제도를 익히면서 국제적인 외교 감각을 키워 오고 있었지요. 아래는 강화도 조약의 주요한 내용을 일부 간추린 것이랍니다.

　　　제1관 조선은 자주국이며, 일본과 평등한 권리를 가진다.
　　　제4관 조선은 부산 이외에 두 곳의 항구를 개항하고 일본인이 와서 통상하

┃**운요호** 일본이 일부러 조선군과 교전을 벌이려고 보낸 함선이다.

도록 허가한다.

제 7 관 조선국 해안을 일본국의 항해자가 자유롭게 측량하도록 허가한다.

제10관 일본국 국민이 조선국 항구에 머무르는 동안 죄를 범한 것이 조선국
국민에게 관계되는 사건일 때는 모두 일본국 관원이 심판한다.

제1관은 아무런 문제가 없는 듯 하지만, 강화도 조약의 가장 중요한 핵심을 담고 있어요. 조선은 이미 자주국이었기 때문에 이러한 조항은 필요 없었는데도 일본은 굳이 이 조항을 넣어 조선이 청나라의 영향을 받지 않는 나라로 보이게 했지요. 즉, 조선에 대한 청나라의 영향력을 약화시키고자 한 거예요.

제4관은 항구 개항에 관한 조항이에요. 이 조항의 문제는 조선의 항구만 개항했다는 점이에요. 근대 세계에서는 강국이 약국의 항구를 개항시킨 뒤 식민지로 삼는 것이 일반적이었어요. 이러한 배경에서 보면 제4관 역시 불평등한 조항이었지요.

제7관은 조선 해안의 측량권을 일본에게 준다는 내용이에요. 당시에

▌ **연무당(상)** 강화도 조약을 체결한 장소이다.
▌ **강화도 조약을 체결하는 조선과 일본의 대신들(하)** 연무당에 모여 조약을 체결하고 있다.

는 강력한 해군을 가진 국가가 세계를 재패하고 있을 때였어요. 영토가 크지 않았던 영국이 '해가 지지 않는 나라'라는 별명을 가질 정도로 전 세계에 많은 식민지를 거느릴 수 있었던 것도 바로 해군의 힘 덕분이었지요. 해군력이 국력의 척도인 시대였기 때문에 해전에 필요한 해안 정보는 국가의 기밀과도 같은 것이었어요. 조선의 해안 어디에 암초가 있고, 해안선이 어떻게 생겼는지를 알면, 군사적·경제적으로 침략하기 쉬워지기 때문이에요. 이 조항으로 일본은 조선 해안의 모든 정보를 수집할 수 있게 되지요. 물론 조선은 일본 해안에 대한 측량권이 없고요.

마지막으로 제10관은 *영사 재판권, 다시 말하면 *치외 법권에 관한 내용이에요. 대한민국에서는 외국인이 법을 어기면 대한민국 법원에서 재판을 받아요.

전 세계 거의 대부분의 국가에서 치외 법권이 허락되는 곳은 각국의 외교관이 머무는 대사관이나 공사관뿐이지요. 하지만 일본은 제10관을 근거로 조선에서 범법 행위를 저지른 일본인이 합법적으로 보호받을 수 있도록 했어요. 일본인이 조선에서 범죄를 저지르면 조선 정부는 일본인을 처벌할 수 없지만, 조선인이 일본에서 범죄를 저지르면 일본 재판소에 넘겨져 처벌받게 되는 거예요.

이처럼 강화도 조약은 조선에게 일방적으로 불평등한 조약이면서도 일본의 침략적 의도가 깔려 있는 조약이었어요. 조선은 이 조약으로 중국 중심의 세계 질

영사 재판권 영사가 주재국에서 자국민의 재판을 본국법에 따라 행하는 권리
치외 법권 다른 나라의 영토 안에 있으면서도 그 나라 국내법의 적용을 받지 아니하는 권리

서에서 벗어나 근대적인 만국 공법 질서로 편입되었지요.

조약 직후 조선은 부산을 개항하고, 차례대로 원산과 제물포(인천)도 개항했어요. 그해 조선은 일본과 조·일 수호 조규 부록과 조·일 통상 장정(무역 규칙)을 추가로 체결했지요. 부록에는 일본 외교관의 자유로운 여행권 보장과 개항장 내 일본 거류민의 거주지 설치, 일본 화폐의 조선 내 유통 등의 내용이 담겨 있었어요. 그리고 일본 선박의 항세를 면한다는 내용이 포함되어 있었는데, 이후 일본은 이 조항을 놓고 관세를 면해 주기로 했다고 우기며 조선의 관세권을 거부했지요. 거기에다 곡식 수출에 관한 규정이 없는 것을 이용해 일본으로 곡식을 반출해 가기 시작했답니다. 강화도 조약에서 다루지 않았던 세세한 내용이 부록과 통상 장정에 추가로 규정되면서 조선에 대한 일본의 경제적 침략은 더욱 속도가 붙었어요.

강화도 조약의 체결 직후, 조선 정부는 모두 네 차례에 걸쳐 일본에 수신사를 파견했어요. 이 중 2차 수신사로 파견되었던 김홍집은 《조선책략》이라는 소책자를 들고 귀국했어요. 《조선책략》은 황쭌셴이라는 사람이 김홍집을 위해 써 준 책이었지요. 황쭌셴은 주일 청국 공사관의 관리로, 청나라의 외교를 담당하는 사람이었어요. 그는 《조선책략》에 '친중국, 결일본, 연미국'이라는 청나라의 입장에 따른 조선의 외교 정책에 대한 조언을 담았지요.

> 조선의 영토는 실로 아시아의 요충을 차지하고 있어 그 형세가 반드시 다툼을 불러올 것이다. …… 러시아를 막을 수 있는 조선의 책략은 무엇인가? 오직 중국과 친하고 일본과 맺고 미국과 연합함으로써 스스로 강해지는 길뿐이다.
> ─《조선책략》(황쭌셴)

당시 청나라는 조선에 대한 일본의 영향력이 커지는 것이 달갑지 않았어요. 하지만 러시아와의 북방 영토 문제로 조선에 적극적으로 관심을 두기 어려웠던 터라, 미국을 끌어들여 일본을 견제하고자 했지요. 신미양요 이후 조선에 대한 관심이 줄긴 했지만 미국 역시 여전히 조선과 관계를 맺고 싶어 했고요. 미국은 중국과 일본으로 가는 중간 기항지로서 조선의 가치를 높게 보고 있었거든요.

《조선책략》은 고종에 의해 전국적으로 배포된 이후, 지식인들 사이에서 주목받기 시작했어요. 이에 수많은 유생들이 조정에 상소문을 보내 위정척사 운동을 벌이며 저항했지만, 한편에서는 미국과 조약을 맺고 근대적 제도와 문물을 받아들여야 한다고 주장했어요.

청나라의 북양대신 리훙장이 미국과 조선의 조약을 주선하고 조약을 맺는 데 적극적으로 개입하면서 마침내 1882년에 조선과 미국의 조약이 맺어졌어요. 제물포에서 조선의 신헌과 미국의 슈펠트가 만나 14개 조항으로 이루어진 조·미 수호 통상 조약을 체결했지요. 미국과의 조약은 조선이 서양 열강과 맺은 첫 번째 조약이었어요.

이 조약의 주요 내용에는 공사의 교환과 해상에서의 피난자 구조 의무, 거중 조정, 수출입 상품에 대한 관세 부과 등이 있어요. 여기서 거중 조정이란 조선과 미국 양국 중 한 나라가 다른 나라와 문제가 생겼을 경우 서로 도와 분쟁을 원만히 해결하도록 노력하는 것을 의미해요.

▌**신헌(1810~1884)** 미국과 조·미 수호 통상 조약을 체결할 때 조선 측 전권대신이다.

조선은 미국과 조약을 체결하면서 강화도 조약에서는 넣지 못했던 관세 부과와 쌀 수출 금지 등의 조항을 포함시키며 이전보다 나아진 모습을 보여 주었어요. 하지만 조·미 수호 통상 조약 역시 미국의 치외 법권을 인정하고, 최초로 최혜국 대우 조항이 들어간 불평등한 조약이었지요.

최혜국 대우란 서양의 제국주의 국가들이 아시아, 아프리카, 아메리카 대륙의 국가와 조약을 맺을 때마다 강요한 악독한 조항으로, 두 국가 간 조약에 있어 한 나라가 제3국에 부여하는 가장 유리한 대우를 상대국에도 부여하는 것을 말해요. 예를 들어 A국이 B국에 관세율 10퍼센트와 최혜국 대우를 부여하고 조약을 맺었다고 가정해 볼게요. 이후 A국이 C국과 조약을 맺으며 관세율을 5퍼센트로 규정했다면, B국은 최혜국 대우를 부여받았으므로 C국과 동일하게 관세율이 자동적으로 5퍼센트로 바뀌게 되지요. 최혜국 대우는 조약을 맺을 당시에는 큰 문제가 없어 보일 수도 있지만, 다른 나라와 불리한 조약을 맺으면 맺을수록 이전 국가와의 조약 내용도 모두 불리하게 바뀌는 매우 불합리한 조항이에요. 서양 제국주의의 무서운 속성이 잘 드러나지요.

미국과 조약을 맺은 후 조선은 미국과의 조약 내용을 근거로 일본에 조·일 통상 장정에 대한 개정을 요구했어요. 일본에 너무 유리하게 규정된 무관세 조항을 조정하기 위해서였지요. 일본은 계속해서 발뺌을 하며 조선과의 재협상을 피하려 했지만, 조선 정부의 적극적인 추진으로 일본 상품에 대한 5~10퍼센트의 관세율을 보장받았답니다. 또한 조선 정부는 쌀값의 안정을 위해 무제한 쌀 수출에 대한 금지 조항을 마련했어요. 강화도 조약 이후 일본이 무제한으로 쌀을 빼내 가면서 조선에서는 쌀값이 폭등하는 일이 빈번해졌거든요. 방곡령이라는 이 조항으로, 조선은 이제 자연재해 등으로 쌀값이 불안정해지면 1개월 전에 쌀 수출을 금지할 수 있는 명령을 내릴 수 있게 되었지요.

미국과의 조약 이후, 조선은 서양 국가들과 적극적으로 조약을 맺기 시작했어요. 1883년에는 영국과 독일, 1884년에는 러시아와 조약을 체결했어요. 그리고 1886년에는 프랑스와도 조약을 체결했지요. 이외에도 조선은 여러 나라들과 조약을 체결했지만, 조약의 내용은 모두 미국과 맺은 조약과 대동소이한 것이었어요. 이로써 조선은 일본을 넘어 서양 각국과 국제적인 관계를 맺고 본격적으로 국제 질서에 편입되기 시작했어요. 이제부터 조선은 열강이라는 높고 거친 파도를 넘어 나라를 지키고 발전시켜야만 했지요.

개화 정책의
추진과 반발

조선에서 일본에 보낸 공식적인 외교 사절인 조선 통신사는 1811년에 쓰시마까지 갔다 왔지만, 일본 본토까지는 1763년에 파견된 11차 통신사가 사실상 마지막이었어요. 이후 일본은 조선에 통신사를 요청하지 않았으며, 조선의 어떠한 사람도 일본 본토에 대한 기록을 남기지 않았지요. 그 후 100여 년이 흘러 1876년에 조선과 일본이 강화도 조약을 맺으면서 조선 정부는 일본에 수신사라는 이름으로 사절단을 보냈어요.

오랑캐들은 본래 윗옷은 있으나 바지가 없다. 단지 조각 천으로 정강이를 가리니 시뻘건 다리가 줄줄이 드러나서 더욱 사람 같지가 않다. 대개 쑥뜸을 뜬 흔적이 많고, 또한 자신들의 몸을 칼로 찔러서 산수와 초목을 그린 것도 있으니 이른바 문신이라는 것이다.

－《일관기》(남옥)

    1차 수신사로 파견된 사람들은 김기수 일행이었어요. 그동안 사절단이 파견되지 않았던 탓에 이들은 일본에 대한 별다른 정보가 없었어요. 오래전 조선 통신사들이 남긴 기록을 참고하는 수준이었지요. 하지만 과거 통신사들이 보았던 일본은 세상에 존재하지 않았어요. 일본은 1868년에 이미 메이지 유신을 통해 서양 문물을 받아들이고 근대화에 박차를 가하고 있었거든요. 따라서 수신사 일행이 예측했던 일본의 모습은 온데간데없었지요.

    1차 수신사 일행은 증기선을 타고 일본의 요코하마에 도착했어요. 그들은 도쿄로 이동해 그곳에서 20여 일 동안 머물며 일본에 자리 잡은 서양 근대 문물들을 관찰했지요. 그들은 증기 기관과 기차를 보며 놀라움과 두려움을 동시에 느꼈어요. 서양 문물이 주는 편리함과 자신들이 일평생 갈고 닦았던 성리학 사이에서 괴리감을 느낀 거예요.

▌**1차 수신사** 1876년 조선 정부의 공식 외교 사절단 자격으로 일본을 방문한 김기수 일행의 모습이다.

부강이 곧 자강이 되지만, 자강을 이루기에 앞서 우리의 정치와 유교를 닦고 우리의 백성과 나라를 지키어 분쟁이 일어나지 않도록 힘쓰는 것이 가장 중요한 일입니다.

— 2차 수신사로 다녀온 김홍집이 고종에게 답변한 내용

1, 2차 수신사가 일본에 다녀오면서 조선의 지식인들은 일본이 예전에 비해 많이 달라졌음을 실감했어요. 이에 더 이상 개화를 미룰 수 없다고 판단하면서도 일본의 개화가 무조건 좋다고는 생각하지 않았어요. 우리 것을 지키면서 서양의 문물과 제도를 받아들여야 한다고 생각했지요.

조선 정부는 1880년에 통리기무아문을 설치하고 조사 시찰단을 파견하며 본격적으로 개화 정책을 추진했어요. 수신사와 조사 시찰단의 일원으로 일본에 다녀오면서 개화에 적극적인 의견을 가지고 있던 박정양, 김홍집, 김옥균, 홍영식 등의 개화파 인사들이 핵심 인물로 활동했지요.

조사 시찰단은 조선 정부가 1881년 일본에 파견한 시찰단으로, 공식적으로 일본에 파견된 수신사와 달리 일종의 암행이었어요. 이들은 몰래 일본으로 들어가 일본에서 도입한 서양의 제도와 문물 등을 조사했지요. 박정양, 어윤중, 홍영식 등의 개화파 인사들과 윤치호, 유길준 등의 수행원으로 구성된 조사 시찰단 일행은 4개월 동안 도쿄와 오사카 등을 누비며 메이지 유신 이후 달라진 일본을 시찰하고 귀국한 뒤, 정부에 보고서를 제출해 조선의 개화 정책에 도움을 주었어요.

같은 해인 1881년에 통리기무아문에서는 김윤식 등을 영선사로 임명해 청나라로 파견했어요. 당시 청나라에서는 *양무운동이라는 근대화 운동이 한창이었어요. 김윤식과 유학생들은 근대식 무기 제조 기술과 군사 훈련법 등을 배우기

별기군 80여 명으로 창설된 정부의 신식 군대이다.

위해 톈진으로 가 각각 병기를 만드는 공장에 배속되었지요. 비록 정부의 재정 지원이 부족해 제대로 배우지 못한 채 1882년에 돌아오고 말았지만, 이들은 조선으로 돌아온 이후 서울 삼청동에 근대식 병기 제조 공장인 기기창을 세우고 그곳에서 활약했답니다.

한편 통리기무아문에서는 별기군을 창설해 군인들을 신식 무기로 무장시키고, 일본인 교관을 채용해 근대식 훈련을 실시했어요. 정부는 신식 군대인 별기군을 조금씩 육성하면서, 훈련도감을 비롯한 종래의 5군영 체제를 무위영, 장어영의 2영 체제로 축소했지요. 이때 창설된 별기군 부대는 80여 명 정도의 규모

양무운동 19세기 후반에 중국에서 일어난 근대화 운동으로, 군사, 과학, 통신 등의 개혁을 꾀했다.

로 아직은 미미한 수준이었어요. 하지만 여기에는 강한 나라를 만들겠다는 조선 정부의 의지가 반영되어 있었답니다.

미국과 조약을 체결한 이후인 1883년 5월, 미국은 공사(특명전권공사)인 푸트를 조선에 파견했어요. 이에 조선도 같은 해에 민영익을 대표로 한 보빙사라는 답례 사절단을 미국에 파견했지요. 이때 보빙사로 파견되었던 홍영식, 서광범, 유길준, 변수 등은 개화에 상당한 관심을 가지고 있던 이들이었어요.

제물포에서 출발한 보빙사 일행은 일본을 거쳐, 태평양을 건너 미국의 서부 도시인 샌프란시스코에 도착했어요. 이들은 팰리스 호텔에 머물면서 샌프란시

▌**보빙사 사절단** 공식 외교 사절단 자격으로 미국과 서양 나라들을 방문하였다.

스코의 주요 인사들과 만난 뒤, 다시 대륙 횡단 열차를 타고 미국의 동부 도시인 시카고로 향했어요. 보빙사 일행은 시카고에서 워싱턴을 거쳐 뉴욕에 도착했지요. 그리고 그곳에서 미국의 아서 대통령을 접견해 조선이 자주 국가임을 알리고, 고종의 친서를 전달했어요.

미국 대통령과 접견한 후, 보빙사 일행은 보스턴에서 열리고 있던 세계 박람회를 구경하고 뉴욕과 워싱턴 등을 돌아다니며 견문을 넓혔어요. 이후 미국 대통령의 호의로 민영익을 포함해 일행의 절반은 미국

아서 대통령을 만난 보빙사 사절단 보빙사 일행은 미국 대통령에게 예를 표하기 위해 정면이 아닌 측면에서 절을 해 미국 언론의 관심을 받았다.

군함을 타고 유럽으로 건너가 여러 나라를 둘러보고 이듬해인 1884년에 조선으로 귀국했지요. 이 중 유길준은 미국에 남아 조선인으로서는 첫 번째 미국 유학생이 되기도 했어요. 홍영식 등 나머지 일행은 다시 미국 서부를 거쳐 태평양을 횡단해 조선에 돌아왔고, 고종에게 미국에서의 일을 보고했어요. 보빙사 일행은 미국에서 경험한 제도와 문물들을 조선에 적용하고자 했어요. 대표적인 것이 홍영식이 추진했던 우정국 사업이에요.

이렇듯 조선 정부는 수신사와 조사 시찰단, 영선사, 보빙사 등을 파견해 근대적인 제도와 문물을 배우기 위해 애썼어요. 이와 동시에 개화 정책을 펼쳤지요. 하지만 조선 정부의 이러한 움직임을 누구나 환영한 것은 아니었어요. 개항과

개화를 반대하는 사람들도 존재했거든요. 이들을 위정척사파 그리고 이들이 개항과 개화를 반대하며 벌였던 운동을 '위정척사 운동'이라고 해요. 위정(衛正)은 '바른 것을 지키다.'라는 뜻을, 척사(斥邪)는 '사악한 것을 배척하다.'라는 뜻을 가지고 있어요. 여기서 말하는 바른 것은 성리학과 조선의 전통 질서이고, 사악한 것은 서양의 종교인 천주교와 그들의 문물 및 제도랍니다.

위정척사를 주장한 사람들은 주로 성리학적 질서를 추종했던 유학자들과 유생들로, 조선의 지배층에 있던 사람들이었어요. 흥선 대원군이 추진했던 통상 수교 거부 정책을 적극적으로 지지했던 이들은 '척화주전론'을 주장했는데 그 뜻은 '서양의 모든 것을 경계하고 서양과 싸워서 바른 것을 지켜야 한다.'랍니다.

1870년대에 접어들며 개항을 요구하는 목소리가 점차 높아지자, 위정척사파 역시 적극적으로 개항을 반대했어요. 이들은 서양의 물건들은 공장에서 생산되는 것들로 그 양이 무한하지만 조선의 생산품은 주로 농산물이기 때문에 양이 한정되어 있다고 생각했지요. 최익현은 이러한 상태에서 교역을 하면 서양에게만 이익을 줄 뿐, 우리나라의 경제는 무너질 것이라고 주장했어요. 그러면서 서양 열강들의 끝없는 욕심을 어떻게 해결할 것이며 대책은 있는지 정부를 향해 따져 물었지요. 당시 서양 제국주의 국가들의 침략성을 꿰뚫어 보고 있었던 거예요. 최익현은 도끼를 들고 궐 앞에 엎드려 상소문을 올렸어요. 목숨을 걸고 조언했던 것이지요.

저들이 우리가 방비가 없고 약함을 보이는 실상을 알고서 우리와 강화를 맺는 경우, 앞으로 밀려올 구렁텅이 같은 저들의 욕심을 무엇으로 채워 주시겠습니까? 우리 물건은 한정이 있는데 저들의 요구는 그침이 없을 것입니다. …… 일단 강화를 맺고 나면 저들의 욕심은 물화를 교역하는 데 있습니다. 저들의 생산품은 모두 지나치게 사치스럽고 공산품이며 그 양이 무궁합니다. 우리의 생산품은 모두가 백성들의 생명이 달린 것이고 땅에서 나는 것으로 한정이 있는 것입니다.

– 《면암집》(최익현)

하지만 상황은 위정척사파가 바라는 대로 흘러가지 않았어요. 일본이 운요호 사건을 일으키면서 일본에 대한 개항이 추진되었거든요. 위정척사파는 또다시 목소리를 높여 개항을 반대했어요. 이미 서양과 다를 바 없이 변화된 일본에 개항 하는 것은 서양에 개항하는 것과 마찬가 지라는 논리였지요. 이를 '왜양일체론'이라 고 해요. 일본과 서양이 결국은 하나라는 뜻이지요.

조선 정부는 위정척사파의 반대에도 일 본과 강화도 조약을 체결하고 적극적으로 개화 정책을 펼쳤어요. 위정척사파는 왕 이 추진하는 정책이니 입을 다물고 있을 수밖에 없었지요. 하지만 김홍집이 《조선 책략》을 가지고 들어와 유포하자 또다시 들고 일어났어요.

1881년, 지금의 경상도 지방의 유생 1만 여 명은 조선 정부의 개화 정책을 규탄하 는 내용에 서명한 뒤 상소문으로 올렸어

┃ **최익현(1833~1906)** 개항과 개화에 반대하는 상소문을 올렸으며, 후일 일본과 을사늑약이 체결되자 의병장이 되어 의병을 일으켰다.

요. 이를 영남 만인소라고 해요. 퇴계 이황의 후손인 이만손이 대표로 올린 이 상소문에서는 《조선책략》의 핵심인 '친중국, 결일본, 여미국'을 다음과 같이 비판했어요.

> 중국은 우리가 신하의 예로써 섬기는 바이며 삼가 신의와 절도를 지키고 그 직분에 충실한 지가 벌써 200년이나 되었습니다. …… 일본은 이미 우리의 수륙의 요충 지대를 점거하고 있어 그들이 우리의 허술함을 알고 충돌을 자행하면 막을 길이 없습니다. …… 미국을 끌어들일 경우 만약 그들이 재물을 요구하고 우리의 약점을 알아차려 어려운 청을 하거나 과도한 경우를 떠맡긴다면 응하지 않을 도리가 없습니다.
>
> −《일성록》

영남 만인소 이후에도 많은 유생들이 고종에게 상소문을 보내 《조선책략》과 개항 그리고 개화 정책을 비판했어요. 하지만 고종은 정책에 반대하는 유생들을 처형하고 귀양을 보내는 등 강경하게 대처하며 물러서지 않았지요.

위정척사파는 외세의 침략을 물리치고 조선의 전통 질서를 수호하려고 끝까지 노력했어요. 하지만 개화는 거스를 수 없는 시대의 흐름이었지요. 위정척사파는 서양을 비판하기만 했지 그 대안을 제시하지는 못했어요. 게다가 지배층으로서 조선의 봉건 질서를 유지하고자 하는 의도가 더 컸기 때문에 위정척사 운동은 백성들에게도 지지받지 못했지요.

위정척사 운동은 이후 서양 열강과 일본의 침략이 본격화되는 1890년대에 항일 의병 운동으로 계승되어 발전했어요. 한편 위정척사파 중에는 위정척사 운동을 그만두고 서양의 학문을 본격적으로 받아들인 사람도 있었어요. 이는 1894년에 있었던 갑오개혁으로 과거 제도가 공식적으로 폐지되면서, 전통적인 학문인 성리학만 갈고 닦아서는 더 이상 갈 곳이 없었기 때문이었답니다.

한편 개화 정책을 추진하면서 조선 정부의 재정은 무척이나 어려워졌어요. 정부는 어려움을 조금이나마 줄여 보고자 기존의 5군영 체제를 2영 체제로 축소, 개편했어요. 이로 인해 조선의 구식 군인 중 상당수가 실업자가 되었지요.

두 차례의 대학살! 조선의 왕족들 살해되다.

7월 23일 오후 5시경, 반란군이 조선의 수도 한성의 주요 도로를 장악하고 궁궐과 일본 공사관을 습격했다. ······ 궁궐에 거주하던 왕족들 중, 오직 왕만이 죽지 않고 살아남았다. 왕비는 살해당했다. 왕자와 왕자의 약혼녀는 독살되었다. 13명의 장관들, 다수의 고위 인사들 역시 살해당했다.

− 〈뉴욕타임스〉(1882. 8. 29.)

위의 기사에서 다루고 있는 것은 임오군란이라는 사건으로, 임오년인 1882년에 일어난 군대의 난이에요. 어쩌다가 이런 사건이 일어나게 된 것일까요?

구식 군인들은 군 체제의 축소가 신식 군대인 별기군의 창설과 개화 정책 때문이라고 생각했어요. 실업의 위기는 넘겼지만 2영에 남아 있던 구식 군인들의 삶도 어려운 것은 마찬가지였지요. 정부에서 제때 급료를 주지 않았기 때문이에요. 일부 군인들은 성문 앞에서 돗자리를 펴고 장사를 하면서 생계를 유지할 정도로 매우 힘든 상황이었어요. 급료가 밀린 지 13개월째인 1882년 6월, 드디어 급료가 지급되었어요. 군인들은 기쁜 마음으로 달려갔지만 급료로 받은 쌀 포대에는 쌀보다 더 많은 겨와 모래가 섞여 있었지요. 그나마도 받아야 할 양보다 적었어요. 이에 흥분한 군인들은 쌀 포대를 던져 버리고 쌀을 나눠 주던 책임자를 구타했어요.

> 굶어 죽는 것이나 법에 따라 죽는 것이나 죽는 것은 마찬가지다. 그러니 어찌
> 마땅히 죽일 놈을 죽여서 억울함을 풀지 않으랴. 마침내 서로 호응해 여러 사
> 람이 한데 모여 크게 외치고는 곧바로 민겸호의 집으로 달려갔다. 순식간에
> 점거하니, 진귀한 물건이 가득했다.
>
> ─《매천야록》(황현)

분이 풀리지 않은 군인들은 급료 지급을 담당하던 기관인 선혜청으로 몰려가
항의했지만, 선혜청은 오히려 이 일을 벌인 주동자를 잡아들였어요. 이에 더욱
화가 난 군인들은 관청의 무기고를 부수고 무장한 뒤, 포도청으로 달려가 동료
를 구출했지요. 군인들은 중전 민씨의 친척이자 선혜청의 책임자인 민겸호의 집
으로 달려가 불을 지르고, 고관들의 집을 부수기 시작했어요. 신식 군대인 별기
군 부대에도 쳐들어갔으며 일본인 교관을 죽이고, 일본 공사관을 부수었지요.

구식 군인들의 난에 평소 불만을 품고 있던 도시의 하층민들도 가세했어요.
이들은 이 모든 사태의 수습을 위해 흥선 대원군을 찾아갔어요. 흥선 대원군은
난을 일으킨 이들을 앞세워 궁궐로 복귀했지요. 과격해진 군인들이 궁궐에서
고관들을 살해하자 놀란 중전 민씨가 궁궐에서 빠져나와 충주로 도망쳤어요.
일본 공사인 하나부사는 외교 기밀이 누설되는 것을 막기 위해 자신의 공사관
에 불을 지르고, 제물포로 달아나 영국 측량선을 타고 나가사키로 도주했지요.

궁궐에 입궐한 흥선 대원군은 다시 정권을 장악했어요. 고종이 친정을 선언한
지 10년이 지나 흥선 대원군이 다시 권력을 잡게 된 거예요. 흥선 대원군은 중

전 민씨가 사망했다고 발표하고, 장례식을 치렀어요. 또한 개화 정책을 추진하던 통리기무아문을 폐지하고 모든 개화 정책을 중단시켰지요. 하지만 흥선 대원군의 재집권은 그리 오래가지 못했어요.

군란 소식을 들은 청나라는 우창칭에게 약 3000명의 군사를 주어 조선의 수도로 파견했어요. 청나라군은 흥선 대원군을 납치해 톈진으로 압송했지요. 흥선 대원군이 미처 피할 틈도 없이 순식간에 벌어진 일이었어요. 흥선 대원군이 청나라로 끌려가자 중전 민씨는 궁궐로 복귀했어요. 결국 흥선 대원군이 결정한 모든 일은 무효가 되었고, 조선 정부의 정책은 다시 제자리로 돌아갔지요.

한편 청나라군의 등장에 군란을 일으켰던 군인들은 별다른 저항도 하지 못하고 흩어지고 말았어요. 흥선 대원군만 믿고 있던 이들은 자신들의 주거지였던 이태원과 왕십리 일대로 도망쳤지요. 청나라군은 이들의 주거 지역을 수색해 군란의 주동자와 참가자들 170여 명을 잡아들였어요. 주동자 10여 명이 참수되며

▮일본 공사관 습격 임오군란 당시 구식 군인들과 도시 하층민들이 일본 공사관을 습격하고 있다.

임오군란은 막을 내렸답니다.

임오군란은 비록 청나라군의 진압으로 실패하고 말았지만 강자에 대한 사회적 약자의 저항을 보여 준 사건이라는 점에서 중요한 의미를 지녀요. 당시 개화는 국가 차원의 중요 정책 방향이었지만, 개화로 인해 많은 백성들이 피해를 입었어요. 도시의 하층민들이 정부의 개화 정책에 반발해 임오군란에 합세한 것만 봐도 잘 알 수 있지요. 개화의 배경에 일본이 있다고 판단해 일본에 대한 공격성을 보이기도 했고요.

임오군란을 계기로 조선에 대한 청나라의 입김이 다시 강해졌어요. 청나라는 임오군란 이후 조선에 3000명의 군인을 주둔시키고, 외교와 재정 부문에 마젠창과 독일인 묄렌도르프를 고문으로 파견해 조선의 내정에 깊숙이 관여했지요.

청나라는 조선의 장정 1000여 명을 선발해 군대를 창설하고, 청나라 기기국에서 들여온 포대와 영국식 소총 등으로 그들을 무장시켰지요. 또한 청나라는 조선에 조·청 상민 수륙 무역 장정이라는 조약을 강요했어요. 이 조약에는 조선이 청나라에 종속되었다는 내용과 청나라 상인들의 조선 진출을 돕는 규정이 포함되어 있었지요. 이 규정에 따르면 청나라의 상인들만 조선의 내륙에서 무역을 할 수 있는 특권을 가지게 되어 있었어요. 당시 조선의 국제 무역은 개항이 된 항구에서만 진행되었고, 외국 상인들은 항구를 멀리 벗어나 무역을 할 수 없었지요. 하지만 이 조약으로 청나라 상인들은 항구를 벗어나 조선 곳곳에서 무역을 할 수 있게 된 거예요.

한편 임오군란 때 일본으로 도주했던 하나부사가 대규모 군대를 이끌고 다시 조선으로 돌아왔어요. 일본은 조선 내 일본 공사관이 불타 없어지고, 별기군 교관이 살해당한 것을 빌미로 삼아 조선 정부를 압박했지요. 일본군을 상대할 힘이 없었던 조선 정부는 공사관의 피해에 대한 배상금 지불과 임오군란에 대한 사과,

일본 공사관의 경비를 위한 군대 주둔을 내용으로 하는 제물포 조약을 체결하고 말았어요. 이후 조선에는 청나라군과 일본군이 모두 주둔하게 되었답니다.

이후 조선 정부는 제물포 조약에 따라 임오군란 사건을 사과하기 위해 일본에 외교 사절단을 파견했어요. 이들을 4차 수신사라고 불러요. 4차 수신사로 파견

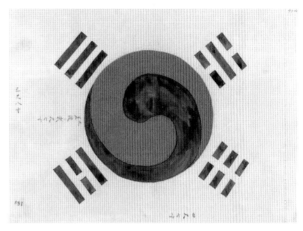

▌**박영효가 제작한 태극기** 고종의 명을 받아 박영효가 제작한 태극기로, 우리 민족의 자주 의식을 드높이는 상징이었다.

된 박영효는 우리나라 국기인 태극기를 제작해 조선의 자주 독립을 대내외에 알렸지요. 이후 태극기는 우리 민족의 자주 의식을 드높이는 상징이 되어 오늘날까지 우리나라를 대표하고 있어요.

일본의 근대화
과정

    미국의 페리 제독에 의해 개항이 이루어진 일본은 하층 무사들이 난을 일으켜 에도 막부를 타도했어요. 그리고 1867년에는 왕정복고를 단행해 천황이 모든 권력을 가지는 시대를 열었지요. 이듬해인 1868년에 일본 정부는 메이지 유신을 통해 서양식 근대화를 추진하기 시작했어요.

    일본의 근대화를 이끌었던 후쿠자와 유키치는 교육의 중요성을 역설하며, 모든 국민들은 배우는 일에 힘쓰고 국가는 이를 이끌어야 한다고 주장했어요. 이에 따라 일본 정부는 신분제를 폐지하고, 의무 교육 제도를 실시했지요. 그동안 일본 사회를 지배해 왔던 무사들의 특권을 없애고, 사민평등제라는 제도를 통해 법적으로 신분적 차별을 없앤 거예요. 일본 정부가 무사들이 누리던 특권을 없애고, 그들에게서 칼을 빼앗으면서 일본 사회의 지배층이었던 무사들의 지위는 흔들리기 시작했어요.

> 사람은 태어나면서부터 빈부귀천의 차이는 없다. 단 노력하고 공부해서 사물을 잘 아는 자는 귀인이 되거나 부자가 된다. 배우지 못한 자는 가난한 사람이 되거나 비천한 사람이 되는 것이다.
>
> — 후쿠자와 유키치, 《학문의 권장》

이렇게 양성된 근대 국민들을 바탕으로 일본·정부는 징병제를 실시하고 군사력을 정비했어요. 이와 함께 서양의 문물을 시찰하고 서양과의 불평등한 조약을 개정하기 위해 미국과 유럽 등에 파견되었던 이와쿠라 사절단이 귀국 후 메이지 정부 곳곳에서 근대화를 이끌었답니다.

이와쿠라 사절단 가운데가 사절단의 대표인 이와쿠라이고, 오른쪽에서 두 번째가 우리에게 잘 알려진, 을사늑약을 강제한 이토 히로부미이다.

일본 정부는 국민들의 식습관을 바꾸어 서양인 같은 체격을 만들고자 했어요. 그래서 돈가스나 단팥을 넣은 빵, 크로켓, 우유 등 서양 음식을 국민들에게 권장했지요.

이후 일본은 1870년대에 타이완을 침공한 뒤 조선과 강화도 조약을 체결해 조선을 개항시켰어요. 그리고 일본 북쪽의 쿠릴 열도를 자국 영토로 편입하고, 류큐 왕국을 병합해 오키나와 현을 설치했어요.

1889년에 일본은 서양의 입헌제를 바탕으로 메이지 헌법을 제정했어요. 제도 자체는 서양의 것이었지만 서양처럼 일반 국민에게 권력을 나누어 주는 형태는 아니었어요. 천황이 중심이 된 메이지 정부가 모든 권력을 쥐고 근대화를 추진하는 양상이었지요.

이후 일본은 청·일 전쟁을 승리로 이끌며 청나라의 양무운동보다 메이지 유신이 효율적인 근대화 방안이었다는 것을 입증했어요. 그리고 청·일 전쟁의 승리를 발판으로 본격적으로 서양 열강 대열에 합류하게 되었지요. 천황을 중심으로 근대화를 이룬 일본은 이후 주변국을 침략하는 제국주의 국가로 변모하기 시작했어요.

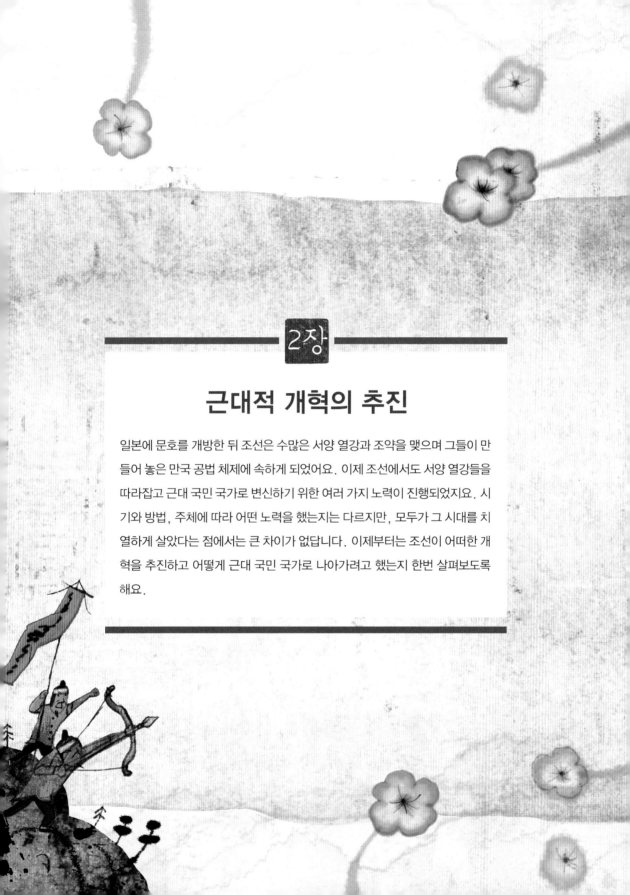

2장

근대적 개혁의 추진

일본에 문호를 개방한 뒤 조선은 수많은 서양 열강과 조약을 맺으며 그들이 만들어 놓은 만국 공법 체제에 속하게 되었어요. 이제 조선에서도 서양 열강들을 따라잡고 근대 국민 국가로 변신하기 위한 여러 가지 노력이 진행되었지요. 시기와 방법, 주체에 따라 어떤 노력을 했는지는 다르지만, 모두가 그 시대를 치열하게 살았다는 점에서는 큰 차이가 없답니다. 이제부터는 조선이 어떠한 개혁을 추진하고 어떻게 근대 국민 국가로 나아가려고 했는지 한번 살펴보도록 해요.

개화 세력의 성장과 갑신정변의 발발

애덤 샬 신부(1591~1666) 소현세자에게 서양 역법과 과학 지식을 전수하고 천주교도 소개한 예수회 출신의 독일인 신부이다.

1636년에 병자호란이 청나라의 승리로 끝나면서 그 이듬해 인조의 장남인 소현 세자와 둘째 아들인 봉림 대군 등이 청나라에 볼모로 끌려갔어요. 그로부터 7년 후 소현 세자는 베이징에서 독일 출신의 천주교 신부인 애덤 샬과 운명적으로 만났어요. 소현 세자는 애덤 샬에게 선물로 받은 신학 서적과 역법서, 천구의 등을 통해 서양 문물에 큰 감명을 받았어요.

서양 문물에 호감을 가진 소현 세자는 이듬해인 1645년에 조선으로 귀국했어요. 하지만 소현 세자는 조선의 왕이 되어 자신의 정치적 포부를 펼쳐 보기도 전에 숨을 거두고 말았어요. 귀국한 지 두 달 만에 벌어진 일이었지요. 《인조실록》의 기사와 여러 기록을 비추어 보았을 때 소현 세자의 죽음은 독살로 추정돼요. 역사에 가정은 없지만 조선 최고의 지배층 가운데 처음으로 서양 문물을 긍정적으로 여겼던 소현 세자가 왕위에 올랐다면 조선의 개화 시기는 좀 더 빨라지지 않았을까요?

소현 세자가 죽고 18세기 후반이 되자 수많은 실학자들이 등장해 북학을 배우자고 주장하기 시작했어요. 여기서 '북학'이란 북쪽의 학문, 다시 말해 청나라의 학문을 말해요. 북학론을 주장했던 실학자 중에는 《양반전》, 《허생전》 등으로 잘 알려진 박지원과 천문학자 홍대용, 박제가 등이 있어요. 이들을 북학파라고 불러요. 북학파 실학자들의 생각은 실용적이고 참신했어요. 하지만 당시 조선의 상황은 이들의 생각을 받아들이기 어려웠지요.

신이 들은 바에 의하면 중국의 흠천감(천문대)에서 책력을 만드는 서양인들은 모두 기하학에 밝으며, 이용후생의 방법에도 능하다고 합니다. …… 그들을 초빙해 대우하고 나라의 젊은이들에게 천문과 도량형, 농업과 상업, 홍수와 가뭄에 대비하는 방법, …… 외적 방어를 위한 화포의 설치 방법 등을 배우게 한다면, 몇 해가 못 되어서 세상을 다스리는 데에 알맞게 쓸 수 있는 인재가 될 것입니다.

－《북학의》(박제가)

북학파 실학자들과 비슷한 생각을 가지고 있던 사람들이 또 있었어요. 그들은 바로 조선 후기 최고의 갑부였던 역관들이었지요. 역관은 통역을 담당하던 관리로, 중인 계급에 속했어요. 이들은 주기적으로 청나라에 드나들며 서양 문물을 접할 기회가 많았어요. 자연스럽게 서양 문물을 익히고 당시 국제 정세를 파악했던 이들은 성리학만을 최고로 여기는 조선의 양반들과는 생각이 많이 달랐지요. 지식인층이었으나 중인이라는 신분적 제약으로 인해 높은 관직에 오를 수 없었던 역관들은 청나라를 오가며 부업으로 장사를 해 큰돈을 벌었어요.

중인이 양반을 가르치는 일은 본래 조선 시대에 가능하지 않은 일이었지만, 역관들에게 가르침을 받은 양반들도 있었어요. 이들은 배우는 데 신분의 차이는 그리 중요하지 않다고 생각한 것 같아요. 비록 중인이었지만 당시 변해 가는 세상을 누구보다 빨리 인지하고 있던 오경석과 유대치에게 가르침을 받을 수만 있다면 신분 질서쯤은 크게 개의치 않았던 박영효, 김옥균, 홍영식, 서광범 등의 양반들은 그야말로 시대를 앞서 갔던 사람들이었지요.

> 오경석이 조정의 신하를 유도하여 외교를 운용할 때, 벼슬이 없는 사람으로 시정에 숨어 지내다가 《해국도지》, 《영환지략》 등으로 세계의 사정을 살피면서 뜻을 내정의 국면 전환에 두고, 가만히 양반 중에 뛰어난 자를 규합하여 방략을 가르치고 뜻과 기개를 고무하여 준 이가 있으니, 당시 백의정승의 이름을 얻은 유대치(유홍기)가 그라. 박영효, 김옥균, 홍영식, 서광범과 양반이 아닌 이로 백춘배, 정병하 등은 다 대치 문하에서 뛰어난 자로⋯⋯.
>
> ─《고사통》(최남선)

조선 후기 역관 중 개화사상의 선구자 역할을 했던 사람이 바로 오경석이에요. 오경석은 훗날 있을 3·1 운동 당시 민족 대표의 한 사람이었던 오세창의 아버지예요. 16세의 나이로 역과 시험에 합격한 오경석은 8대째 역관직을 이어 온 집안에서 태어나 가정 형편이 매우 좋았어요. 역관이 된 후 네 차례에 걸쳐 청나라에 다녀오면서 청나라가 아편 전쟁 이후 달라지는 모습을 목격했지요. 오경석은 당시 청나라에서 출판되었던 《해국도지》, 《영환지략》 등의 책을 구입해 조선에 들여오기도 했어요. 《해국도지》는 오늘날의 세계 지리서와 비슷한 책으로 각국의 역사, 국방, 과학 기술 등을 다루고 있고, 《영환지략》 역시 세계 지리를 다룬 책이었답니다.

오경석은 이후에도 서양의 제도와 학문에 관한 책들을 계속 들여오며 세계 각국의 역사와 흥망성쇠에 대해 공부했어요. 언젠가 조선에서도 커다란 변화가 일어날 것이라고 예상한 오경석은 자신의 생각을 가장 친한 친구인 유대치에게 털어놓았지요. 유대치 역시 대대로 역관을 해 오던 집안 출신으로, 오경석이 가업인 역관을 이어받은 것과 달리 의관의 길을 선택했어요. 요즘 말로 하면 한의사가 된 것이지요. 유대치는 오경석에게 넘겨받은 책들을 읽고 개화론자로 변했어요.

오경석과 유대치는 당시 조선의 지배층이 집중적으로 거주하던 북촌의 양반자제들이 먼저 개화해야 한다고 생각했어요. 하지만 당시 조선은 엄연히 신분의 차별이 있던 시대로, 양반이 중인에게 교육을 받는 것은 쉬운 일이 아니었지요.

그러던 중 오경석과 유대치는 개화사상에 눈을 뜬 한 고위 관료를 알게 되었어요. 그가 바로 연암 박지원의 손자인 박규수였지요. 양반인 박규수가 개화사상에 눈을 뜬 것은 제2차 아편 전쟁이 끝난 1861년에 위문사절단으로 청나라에 파견되었을 때였

┃ **오경석(1831~1879)** 중국 청나라에 왕래하면서 신학문에 눈을 떠서 젊은 양반자제들에게 개화사상을 불러일으키고 문호 개방을 주장했다.

어요. 새로운 세상을 접한 박규수는 오경석과 마찬가지로 《해국도지》와 《영환지략》 등의 책을 구입해 조선으로 돌아왔지요.

이후 박규수는 평안감사로 재직하던 시절, 미국의 제너럴셔먼호를 침몰시킨 공으로 한성부 판윤(서울시장)을 거쳐 형조판서(법무부 장관)까지 지내게 되었어요. 오경석과 유대치는 박규수의 사람 됨됨이에 주목했어요. 그리고 박규수를 찾아가 그들의 생각을 설명하고, 양반집 자제들에게 개화사상을 가르치자고 건의했지요.

이렇게 해서 박규수의 사랑방에서는 개화사상이 꽃피기 시작했어요. 김옥균과 박영효, 박영효의 형인 박영교, 홍영식, 유길준, 서광범, 김홍집, 어윤중과 같은 이들이 그의 사랑방을 드나들며 '백의정승'이라 불리던 유대치의 가르침을 받았지요. 사람들은 이들을 개화당이라고 불렀어요.

어느 날 박규수는 할아버지인 박지원이 청에서 사 온 지구의를 꺼내 보였다.

박규수는 지구의를 돌리면서 김옥균을 돌아보고 웃으며 "오늘날 중국이 어디 있단 말인가? 이리 돌리면 미국이 중국이 되고, 저리 돌리면 조선이 중국이 되며, 어느 나라건 가운데로 돌리면 중국이 된다. 오늘날 어디에 정해진 중국이 있단 말인가?"라고 말하자, 신서적을 좀 보긴 했으나 중화사상에 아직 얽매여 있던 김옥균이 박규수의 말에 크게 깨닫고 무릎을 치며 일어났다.

─《지동설의 효력》(신채호)

이들은 당시 조선의 지배층이 가지고 있던 중국 중심의 세계관을 극복하는 것이 가장 큰 문제라고 생각했어요. 조선의 양반들에게 '중국(中國)'은 나라의 이름처럼 가운데에 존재하는 나라였거든요. 가운데에 존재한다는 것은 중국이 세계의 중심이라는 뜻이에요. 다른 세계에 대한 지리적 지식이 거의 없던 당시 조선의 양반들에게 중국은 절대적인 기준이었어요. 그러다 보니 중국에서 건너온 성리학을 절대적으로 신봉했던 것이지요.

양반 자제들이 가지고 있던 중국 중심의 세계관을 바꾸는 데에는 지구의가 큰 역할을 했어요. 지구의를 돌리면 세상의 중심에 위치한 나라가 계속 바뀌기 때문이지요. 지구가 둥글다는 것과 계속 돈다는 사실을 깨달으면, 가운데에 존재하는 나라, 즉 '중국(中國)'은 엄청나게 많아졌어요.

박규수의 사랑방은 개화사상의 기초를 닦는 곳이자 양반 지식인들이 인식을 전환하던 곳이었어요. 이러한 과정을 거치며 양반들은 당시 급변하고 있는 세계를 우리의 관점에서 주체적으로 바라볼 수 있게 되었지요.

한편 개화를 주장하는 사람들 사이에서도 의견이 갈렸어요. 청나라같이 전통적인 유교 질서 속에서 서양의 과학과 기술만 받아들이자고 주장했던 사람들을 온건 개화파라고 불러요. 이들은 청나라의 양무운동을 본받아 조선에 개화 정책을 시도하려고 했어요. 김윤식, 김홍집, 어윤중 등이 대표적인 인물들이었지요.

> 우리나라가 청나라의 속방임은 천하가 다 아는 바이며, 항상 청나라가 착실
> 히 담당해 주지 않을까 염려된다. 우리는 외롭고 약한 형세이고, 만약 청나라
> 가 종래와 같이 착실히 보호해 주지 않는다면 실로 유지하기 어렵다.
> ―《음청사》(김윤식)

이에 반해 김옥균처럼 청나라로부터 벗어나는 길을 추구했던 사람들이 있어
요. 이들을 급진 개화파라고 해요. 김옥균 이외에도 박영효, 홍영식, 서광범 등
이 여기에 속하지요. 이들은 중국 중심의 질서에서 벗어나야 한다고 생각하는
한편, 일본의 메이지 유신을 본보기로 삼아 서양의 과학과 기술 그리고 사상과
제도까지 받아들여야 한다고 주장했어요. 온건 개화파에 비해 젊고, 개화에 적
극적이었던 급진 개화파는 그들 스스로를 개화당이라 부르며 온건 개화파를 사
대당이라고 비판하기도 했지요.

> 예로부터 청나라의 속국으로 생각해 온 것이 (나는) 참으로 부끄럽다. 나라가
> 떨쳐 일어날 희망이 없는 것은 역시 여기에 원인이 있다. 첫째로 해야 할 일은
> (청나라의) 속박을 물리치고, 특히 독립 자주국을 수립하는 일이다. 독립을
> 바라면 정치와 외교는 반드시 스스로 닦고 스스로 강해져야 한다.
> ―《김옥균 전집》(김옥균)

정책의 추진 방법과 청·일 양국에 대한 입장 차이로 의견이 다르기는 했지만,
이후 이들 모두는 수신사와 조사 시찰단 그리고 영선사, 보빙사 사절단의 일원

으로 참여해 청나라와 일본 그리고 미국에서 서양 문물과 제도를 직접 경험했어요. 그리고 귀국 후 자신들이 체험한 것들을 조선에 도입했지요. 조선 최초의 근대식 인쇄소인 박문국과 근대식 무기를 제조했던 기기창, 근대식 우편 제도가 도입된 우정총국 등이 바로 그것이랍니다.

개화 정책이 추진되면서 조선은 조금씩 변화하고 있었어요. 하지만 정부의 재정이 부족해 개화 정책은 제대로 추진되기 어려웠답니다. 정부는 이 상황을 타개하고자 재정 고문인 묄렌도르프의 조언대로 당오전을 찍어 유통시켰지만 상황은 더욱 악화되었어요. 당오전은 예전에 흥선 대원군이 발행한 당백전과 비슷한 화폐로, 높은 액면가에 비해 실질적인 가치는 낮아 물가에 악영향을 끼쳤거든요.

임오군란 이후 청나라군이 계속 주둔하며 조선에 대한 내정 간섭을 심화하자 김옥균 등의 급진 개화파는 마음이 급해졌어요. 이들은 청나라의 간섭에서 벗어나 개화에 힘쓰면 먼저 개화를 시작한 일본도 따라잡을 수 있을 것이라고 생각했어요. 하지만 청나라의 간섭으로 개화 정책의 추진 속도가 더뎌지자, 급진적인 방식을 동원해서라도 조선의 정권을 장악해 대대적인 개혁을 이루고자 했지요. 김옥균 등은 미국 공사인 푸트에게 도움을 요청하고 권력을 잡으려 노력했지만, 미국은 이들에게 큰 힘이 되어 주지 못했어요.

그러던 차에 여러 가지 상황이 급진 개화파에 유리하게 작용하기 시작했어요. 우선 조선에 주둔하던 청나라의 군사 3000명 중 절반이 본국으로 돌아간 거예요. 당시 청나라는 베트남을 놓고 프랑스와 전쟁을 벌이고 있었는데, 프랑스 쪽으로 전세가 기울자 조선에 주둔시켰던 병력 중 일부를 철수한 것이었지요. 게다가 일본 공사인 다케조에가 김옥균 등에게 접근해 급진 개화파에 대한 지지 의사를 나타냈어요.

결국 김옥균 등의 급진 개화파는 일본의 도움을 받아 정권을 장악하기로 결심했어요. 거사일은 우정총국의 개국 축하연이 벌어지는 날로 정했지요. 축하연이 벌어지는 동안 궁궐에 화재를 일으키고, 일본군을 불러 고종을 호위하는 척하면서 축하연에 참석한 고관들을 살해해 권력을 장악하려는 계획이었어요.

1884년 12월 4일 저녁, 김옥균 등의 급진 개화파는 계획대로 우정총국의 개국 축하연 자리에서 정변을 일으켰어요. 연회가 시작되고 분위기가 무르익을 즈음 우정총국 옆 건물에서 화재가 일어났지요. 정변이 시작되자마자 민씨 척족의 핵심 인물인 김옥균의 라이벌이었던 민영익이 칼을 맞았어요. 그리고 급진 개화파는 창덕궁으로 입궐해 고종을 호위했답니다.

김옥균은 고종에게 청나라군이 난을 일으켰다고 거짓으로 고한 뒤, 다케조에가 준비한 일본군 120명을 불러 궁궐을 수비하게 했어요. 궁궐을 장악한 급진 개화파는 민씨 정권의 주요 인사들을 살해한 뒤 새로운 정부를 구성했어요. 김옥균은 호조참판, 홍영식은 우의정, 박영효와 서광범은 좌우 포도대장의 자리를 차지하고는 군사와 재정을 장악했지요. 이를 갑신정변이라고 해요. 이들은 새로 구성된 정부의 운영을 위해 갑신정강 14개조를 정하고 이를 발표했어요.

제1조 흥선 대원군을 빨리 귀국시키고, 종래의 청나라에 대한 조공의 허례를 폐지한다.

제2조 문벌을 폐지하고 인민 평등의 권리를 제정한다.

제3조 지조법을 개혁하여 관리의 부정을 막고 백성을 보호하며 재정을 넉넉히 한다.

제8조 급히 순사를 두어 도둑을 방지한다.

제11조 4영을 1영으로 합하되, 장정을 뽑아 근위대를 설치한다.

제12조 모든 재정은 호조에서 관할한다.

제13조 대신들은 의정부에 모여서 법령을 의결한다.

－《갑신일록》(김옥균)

제1조는 종래부터 있어 온 청나라와의 형식적인 사대 관계를 청산하고 독립국의 면모를 갖추자는 내용을 담고 있어요. 제2조는 인민 평등에 관한 권리를 언급한 조항으로, 향

우정총국과 홍영식 근대식 우편 업무를 맡아 하던 곳이며 홍영식은 초대 우정총판으로 임명되었다.

후 김옥균이 건설하고자 하는 나라가 근대 국민 국가임을 알 수 있지요. 제3조와 제12조는 모두 재정에 대한 내용으로, 김옥균이 정부의 재정을 얼마나 중요하게 생각했는지 엿볼 수 있는 대목이에요. 제8조와 제11조는 경찰과 군대의 운영에 관한 것인데, 급진 개화파가 경찰과 군대의 필요성을 인식하고 있었다는 것을 알 수 있어요. 그리고 제13조에서는 서양의 근대 내각 제도를 도입하려는 의지가 나타나 있지요. 이는 궁극적으로 국왕권에 대한 제약을 의미하는 것으로, 인민 평등에 관한 권리를 언급한 제2조와 맥이 닿아 있다고 볼 수 있어요.

갑신정강 14개조에 담긴 내용처럼 급진 개화파는 조선의 개화와 근대화에 모든 것을 걸었어요. 조선의 부국강병을 이루겠다는 의지를 곳곳에서 확인할 수 있지요. 하지만 상황은 이들의 의지와는 다르게 전개되고 있었어요. 게다가 백성들마저 일본의 도움을 받은 이들의 개혁을 외면했지요.

정변이 일어난 지 3일째 되던 날, 위안스카이가 이끄는 청나라군이 민씨 일가의 요청을 받고 신속하게 궁궐로 움직였어요. 김옥균 일행은 일본군과 함께 맞서 싸웠지만 청나라군을 막을 수가 없었지요. 전세가 기울어진 것을 눈치챈 일본군은 급격하게 병력을 철수시키고 일본으로 향했어요. 일본은 자국의 이익을 위해 김옥균 일행을 도왔을 뿐이므로 위험을 감수할 필요는 없었거든요. 결국 홍영식이 처형당하고 나머지 급진 개화파는 일본군과 함께 제물포를 통해 빠져나가 일본으로 망명했어요. 급진 개화파의 꿈이 물거품이 되는 순간이었지요. 갑신정변은 그렇게 3일 만에 실패로 끝이 나고 말았어요.

김옥균과 급진 개화파가 정권을 잡았던 3일은 조선에서 가장 뜨거웠던 3일이었어요. 이들의 개혁은 비록 실패했지만, 근대 국민 국가를 수립하려고 했던 가장 급진적 개혁으로 평가받아요. 하지만 이들의 개혁 실패는 또 다른 문제로 이어졌어요.

우선 정변이 실패하면서, 이들이 주장했던 개화사상은 역적의 사상이 되고 말았어요. 정변의 주역인 급진 개화파 대다수는 일본으로 망명해 목숨을 건졌지만, 남겨진 그들의 가족은 '역적의 피'라는 오명을 쓰고 대부분 자살하거나 역적죄로 감옥에 갇혔지요. 게다가 백성들 또한 갑신

▌**갑신정변의 주역들** 왼쪽부터 박영효, 서광범, 서재필, 김옥균으로 이들은 갑신정변을 통해 근대 국가를 건설하고자 했다.

정변의 주역들을 크게 비판하면서 개화사상은 존립 자체가 위태로워졌답니다.

또한 임오군란에 이어 갑신정변마저 평정한 청나라의 내정 간섭이 심화되었어요. 게다가 일본마저 조선 정부를 위협했지요. 조선은 일본의 정변 개입에 엄숙히 경고했지만, 일본은 일본 공사관이 불타고 자국민이 희생당했다며 오히려 큰소리를 쳤어요. 조선이 일본에 맞서자 일본은 군대 2개 대대를 제물포로 보내 조선 정부를 압박했지요. 1885년 1월, 결국 조선 정부는 일본에 맞서는 것을 포기하고 *한성 조약을 체결했어요. 약소국의 아픔을 처절하게 느껴야만 했지요.

한성 조약을 체결한 이후에도 일본군의 일부 병력은 돌아가지 않았어요. 거기에다 조선에 주둔해 있던 청나라군마저 도성 곳곳을 활보했지요. 조선의 도성에는 조선 군대는 안 보이고, 청일 양쪽 군대만 남아 전쟁 직전의 분위기가 감

한성 조약 일본인 피해자에 대한 보상금과 공사관 재건비의 지급 등을 규정했다.

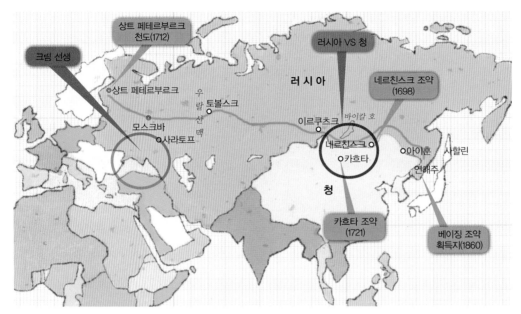

┃ 러시아의 남하 러시아는 부동항을 얻기 위해 서쪽으로는 흑해 방향으로, 동쪽으로는 만주 일대로 남하했다.

돌았어요. 조선을 두고 팽팽한 신경전을 벌이던 청나라와 일본은 1885년 4월에 톈진 조약을 체결했어요. 조약의 주요 내용은 조선에 있는 양국의 군대를 즉각 동시에 철수하는 것과 어느 한 국가가 조선에 군대를 파병할 경우 상대국에게 미리 통보한다는 것이었지요. 이렇듯 조선을 놓고 청일 양국이 전쟁 직전까지 치달으며 경쟁을 벌이고 있었지만, 정작 조선 정부는 두 나라 사이에 조약이 체결된 사실조차 몰랐다고 해요.

이후 조선은 당시 동아시아에 관심을 가지고 있던 러시아를 이용해 청나라의 간섭에서 벗어나려 했어요. 하지만 이는 이미 러시아와 조선, 청나라만의 문제가 아니었답니다.

1815년에 프랑스의 황제였던 나폴레옹이 몰락한 뒤, 19세기는 영국과 러시아

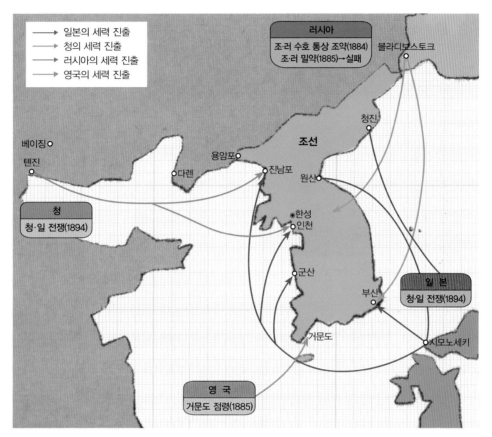

▌한반도를 둘러싼 열강의 각축

의 대립기였어요. 세계 최강의 해군력을 자랑하는 영국과 영국의 지위를 꾸준히 넘보던 러시아가 대립 구도를 형성한 거예요. 당시 러시아는 세계에서 가장 넓은 영토를 가졌음에도 겨울이 되면 항구가 얼어붙어 해군을 동원할 수 없었어요. 이러한 지리적 약점을 이겨 내고자 러시아는 유럽 진출을 목적으로 꾸준히 전쟁을 벌였지요. 이때마다 러시아의 남하를 두려워한 영국이 러시아를 막아섰어요.

러시아는 결국 얼지 않는 항구, 즉 부동항을 찾기 위해 동아시아로 눈길을 옮

유길준(1856~1914) 조선 최초의 미국 유학생으로, 서양에서 보고 듣고 배운 것을 소개한 《서유견문》을 집필했다.

겼어요. 동아시아에는 러시아가 찾던 부동항이 엄청 많았기 때문이지요. 러시아가 만주와 조선에 관심을 보이자 조선 정부는 이런 러시아를 이용해 청나라를 견제하려 했어요.

그즈음 조선 정부가 예상치 못한 일이 일어났어요. 그것은 영국이 조선 남해안의 거문도를 무단으로 점령한 사건이었지요. 러시아가 동아시아로 눈길을 돌리자, 영국은 러시아의 남하를 견제하기 위해 조선의 거문도를 점령했어요. 1887년 청나라 리훙장의 중재로 러시아가 조선의 영토를 넘보지 않겠다는 의견을 영국에 보내고 나서야 영국은 거문도에서 철수했어요.

이렇듯 1880년대 중후반에는 청나라와 일본, 러시아와 영국이 조선을 둘러싸고 서로 경합을 벌였어요. 내부의 문제만으로도 혼란스러웠던 조선을 세계의 열강들은 가만두지 않았지요. 이러한 조선의 상황에 대한 대안을 제시한 사람들이 있었어요. 한 명은 유길준이고, 또 다른 한 명은 조선 주재 독일 부영사인 부들러였지요.

부들러는 당시 상황에서 조선이 취해야 할 가장 적절한 행동은 조선의 중립화라고 판단했어요. 그는 고종에게 외교적 분쟁이 없게끔 러시아와 영국 그리고 청나라와 일본 사이에서 중립을 선언할 것을 건의했어요. 보빙사로 미국에 건너가 공부를 마치고 돌아온 유길준 역시 중립국이야말로 당시 조선이 가야 할 길이라고 생각했지요. 하지만 조선 정부는 이들의 중립화론을 받아들이지 않았어요. 대신 주변의 열강들로부터 독립국의 지위를 인정받으려 노력하며 점진적인 개화 정책을 추진했지요. 하지만 조선을 침략하려는 일본의 야욕은 계속되었고 조선의 근대화는 여전히 걸음마 수준이었어요. 앞으로 조선이 가야 할 길은 멀고도 험했지요.

열강의 경제적 침투와
동학 농민군의 봉기

임오군란과 갑신정변이라는 극단적인 사건이 연이어 일어난 후 조선 사회에는 큰 변화가 일어났어요. 청나라가 두 사건을 정리하는 데 큰 도움을 주면서 조선에 대한 정치적 영향력이 더욱 커진 거예요. 이러한 배경 아래 청나라의 경제적 침투는 갑신정변 직후부터 점차 늘기 시작해 1890년대 초에는 일본의 수준과 거의 비슷해졌지요.

당시 일본은 영국에서 청나라로 들어오는 면직물을 사서 조선에 되파는 식의 중계 무역으로 이윤을 남기고 있었어요. 반면에 청나라는 영국산 면직물을 바로 조선에 되팔았지요. 청나라는 일본보다 중계 과정이 한 단계 적어 상품을 더 저렴하게 제공했기 때문에 일본의 중계 무역보다 경쟁력을 지닐 수밖에 없었지요.

조선에 진출한 청나라 상인들은 인천을 자신들의 거주 지역으로 삼았어요. 현재 인천역 근처에 조성되어 있는 차이나타운이 바로 그들이 머물던 곳이랍니다. 이곳에서 우리나라 사람들이 좋아하는 짜장면이 처음으로 만들어졌지요.

청나라와 일본의 상인들이 영국산 면직물을 조선에 되파는 바람에 조선의 면직물 산업은 크게 위축될 수밖에 없었어요. 조선의 무역 적자 폭이 점점 커지는 동안, 일본의 상인들은 면직물 중계 무역을 통해 번 돈으로 조선의 쌀과 콩을 대거 수입해 갔지요.

일본이 조선에서 쌀과 콩을 수입해 간 이유는 무엇일까요? 일본은 19세기 후반부터 산업 혁명이 시작되었어요. 산업 혁명 초기 일본의 기술력은 상당히 뒤떨

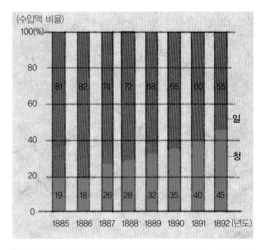

∥ **청·일로부터의 수입액** 이 기간 동안 조선에 수입되는 물량 비율은 청으로부터의 수입액이 점차 늘어나 일본으로부터의 수입액과 비슷해져 갔다.

어졌기 때문에 가격이 싸지 않으면 물건을 팔기 어려웠지요. 값싼 물건을 만들기 위해서는 물건을 생산하는 비용을 줄여야만 했어요. 일본의 기업가들은 노동자들의 급료를 적게 주었고, 국민들이 적은 돈으로 생계를 유지하려면 주식인 쌀의 가격이 낮아야만 했어요. 그래서 일본 정부는 조선에서 쌀과 콩 등의 농산물을 싼값에 대거 수입해 자국의 농산물 가격을 안정시켰지요.

이렇게 쌀과 콩 등이 일본으로 빠져나가면서 점차 조선 내 쌀의 양이 줄어들었어요. 쌀이 부족해지니 당연히 쌀값은 폭등했고 도시의 하층민과 농민들의 삶은 피폐해졌지요. 무역량이 늘수록 조선 백성들은 오히려 궁핍해졌어요.

1880년대 들어 쌀값이 폭등하자 정부와 지방의 관리들은 쌀의 대량 유출을 막고 물가를 안정시키기 위해 조·일 통상 장정의 내용을 근거로 방곡령을 시행했어요.

만일 조선국이 자연재해나 변란 등으로 말미암아 국내의 양곡이 부족해질 염려가 있어서, 조선 정부가 잠정적으로 양곡 수출을 금지하려고 할 때는, 그 시기보다 1개월 앞서 지방관으로부터 일본 영사관에 알리고, 또 일본 영사관은 그 시기보다 앞서 각 개항장의 일본 상인에게 알려 일률적으로 준수케 한다.

– 조·일 통상 장정 제37관

곳곳에서 지방관들이 방곡령을 내려 일본으로 쌀이 유출되는 것을 막으려 했지만, 일본 정부의 압력으로 방곡령 조치는 큰 효과를 볼 수 없었답니다. 오히려 조선 정부는 쌀을 수입하지 못해 피해를 입은 일본 상인들에게 손해 배상금을 지불해야 했지요. 이는 조선 정부의 무능력함을 단적으로 보여 준 사건이에요.

조선은 정치적으로나 경제적으로 청나라와 일본의 압력을 받고 있었어요. 그로 인해 어려운 상황에 처한 백성들 사이에 급격히 퍼져 나간 종교가 있었는데, 바로 동학이었지요. 동학은 1860년에 최제우가 세상과 백성을 구원하려는 뜻을 품고 창시한 민족 종교로, 민중들에게 큰 호응을 얻었어요. 1864년, 동학의 급격한 교세 확장에 놀란 조선 정부는 교조인 최제우를 혹세무민(세상을 어지럽히고 백성을 속인다.)이라는 죄명으로 처형했어요.

농민들은 갈수록 살기 어려워지자 1880년대 후반, 전국에서 민란을 일으켰어요. 민씨 일가의 부패가 조선을 더욱 혼란스럽게 만든 데다 삼정의 문란까지 다시금 고개를 들었기 때문이에요. 이러한 상황에서 제2대 교주가 된 최시형은 동학을 재건하기 위해 노력했고 그 결과 동학의 교세는 서서히 회복되었어요. 동학의 교세 회복은 1890년대에 일어난 민란과도 밀접한 관련이 있어요. 봉기를 일으킨 농민들이 동학을 중심으로 모이고 있었거든요. 동학의 교세는 정부가 수습할 수 없을 정도로 커지고 있었지요.

1892년, 공주와 삼례 지역에 수많은 동학도가 모여 교조 신원 운동을 벌이기 시작했어요. 이들은 동학의 창시자인 최제우의 억울한 누명을 벗겨 줄 것과 포교의 자유를 주장했지요. 이듬해인 1893년에는 박광호 등 40여 명의 동학 대표가 한양으로 상경해 경복궁 광화문 앞에서 복합 상소 운동을 벌였어요. 수천, 수만의 동학도가 서울로 몰려든다는 소문이 한양에 퍼지면서 조선에 와 있던 각국의 외교관들은 무척이나 불안해했지요. 동학 대표들은 자신들의 요구를 들어주겠다는 약속을 듣고 나서야 물러났어요.

하지만 조선 정부는 이들이 해산한 뒤 약속을 이행하려는 조치를 취하지 않았어요. 그러자 같은 해 4월, 수많은 동학도들이 충청도 보은으로 다시 모여들었어요. 이들의 머리 위에는 척왜양창의라고 쓰인 큰 깃발이 나부꼈는데, 이는 '일본과 서양을 배척하기 위해 의병을 일으킨다.'라는 뜻이었지요. 보은에서 벌어진 집회에는 탐관오리의 숙청 등을 촉구하기도 했어요. 이 과정에서 동학 농민 운동은 정치적 성격을 띤 운동으로 발전하게 되었답니다.

> 하나. 고부성을 격파하고 군수 조병갑을 효수할 것.
> 하나. 군기창과 화약고를 점령할 것.
> 하나. 군수에게 아첨하여 인민의 것을 빼앗은 탐욕스러운 관리를 징계할 것.
> 하나. 전주감영을 함락하고 서울(한양)로 향할 것.

1894년 2월, 전봉준과 농민 1000여 명은 전라도 고부에서 봉기했어요. 봉기의 이유는 고부 군수 조병갑의 부정부패 때문이었지요. 당시 전라도 관찰사였던 김

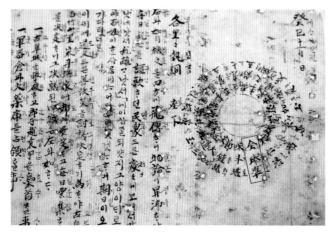
사발통문 주모자를 알지 못하도록 서명에 참여한 사람들의 이름을 사발 모양으로 둥글게 돌려 적었다. 가운데 하단에 전봉준의 이름이 보인다.

문현이 조병갑의 처벌을 정부에 건의했고, 정부는 조병갑을 체포했어요. 하지만 민란을 수습하기 위해 파견된 안핵사 이용태가 농민들에게 일방적으로 고부 민란의 책임을 전가하고 동학도를 집중적으로 탄압하면서 사태는 더욱 심각해졌어요. 이용태는 훗날 '한·일 병합'에 협조해 남작의 작위와 은사금을 받은 친일파랍니다.

한편 이용태의 행태에 분개한 전봉준과 농민들은 고부 근방인 백산에서 또다시 농민 봉기를 일으켰어요. 여기에는 동학도들은 물론, 이웃 마을의 백성들까지 합세했어요. 얼마나 많은 사람들이 모였던지 '서면 백산, 앉으면 죽산'이라는 말이 나올 정도였지요. 이 말은 당시 모였던 농민들이 대부분 흰 옷을 입고 대나무 칼을 들고 있었기 때문에 일어서면 하얀 산이, 앉으면 대나무 산이 된다 해서 생겨난 표현이에요. 봉기에 참여한 농민군들은 비록 많이 배운 사람들은 아니었지만, 개인의 사사로운 이익을 위해 일어난 것이 아니었어요. 때문에 엄격한 규율과 목표를 가지고 있었지요.

1. 사람을 함부로 죽이지 말고 가축을 잡아먹지 말라.
2. 충효를 다해 세상을 구하고 백성을 편안케 하라.

3. 왜놈을 몰아내고 나라의 정치를 바로잡는다.

4. 군사를 몰아 서울로 쳐들어가 권세가와 귀족들을 몰아 없앤다.

– 농민군 4개 행동 강령

　백산에서 봉기한 동학 농민군은 고부와 태인, 정읍, 고창 등의 여러 고을을 점령했어요. 황토현에서는 관군들을 무찌르기도 했지요. 이후 동학 농민군은 장성의 황룡강 근처에서 관군을 또다시 격퇴하고 전라도의 감영이 있던 전주성까지 점령했어요. 고부에서 시작된 동학 농민군의 봉기가 전라도 전역을 장악하다시피 한 거예요. 이제 동학 농민군들은 한양으로 쳐들어가자고 목소리를 높였어요.

　전주성이 함락되자 무척 당황한 조선 정부는 결국 청나라에 구원군을 요청했어요. 조선의 요청에 청나라의 리훙장은 고민 끝에 청나라군의 출병을 허락했지요. 청나라군은 동학 농민군으로부터 조선 정부를 보호하기 위해 충청도 아산만으로 이동했어요.

　이때 예상치 못한 변수가 생겼어요. 일본이 조선에 군대를 파견하기로 한 거예요. 사실 처음부터 조선에 군대를 파견하려는 계획을 세우고 있었던 일본은 청나라의 리훙장에게 전갈을 보내 조선에 출병할 것을 권유했어요. 그리고 청나라가 조선에 군대를 파견하기로 결정하자, 준비된 군대를 재빨리 조선에 보냈지요. 조선과 맺은 제물포 조약을 핑계로 군대를 파견하고, 톈진 조약에 따라 청나라에 이 사실을 통보한 뒤 일본군은 처음부터 한성과 가까운 제물포에 상륙해 조선의 수도를 목표로 진군했어요.

　상황이 이렇게 전개되는 동안, 전주성을 지키던 동학 농민군은 관군과 일진일퇴의 총력전을 벌이고 있었어요. 누구의 승리도 예측하기 힘든 상황에 청나라군과 일본군이 조선에 파견된다는 소식이 들려왔지요. 사태가 확산되자 조선 정부나 동학 농민군 모두 당황할 수밖에 없었답니다.

일본군의 파병이 결정된 6월 7일, 전봉준은 결국 정부에 폐정 개혁안을 포함한 휴전안을 제시했어요. 조선 정부도 전라도 감찰사 김학진에게 전권을 주어 신속히 사태를 수습하도록 조치했지요. 다음 날, 일본군 선발대인 해군육전대가 제물포에 상륙했어요. 그리고 그 다음 날에는 청나라군 본대가 아산만에 상륙했지요. 전봉준은 조선 정부와 전주 화약을 맺고, 전주성을 비운 뒤 해산하기 시작했어요.

동학 농민군의 1차 봉기는 반봉건을 외쳤던 운동이에요. 비리를 저지른 관리를 처벌하고, 농민의 생활을 안정시키는 것이 목표였지요. 이들은 해산 후 전라도 53개 읍에 자치 기구의 일종인 집강소를 설치하고 폐정 개혁안 12개조를 실천해 나갔어요.

1. 동학교도는 정부와의 원한을 잊고 모든 행정에 협력할 것.

2. 탐관오리는 그 죄목을 조사하여 엄중히 처벌할 것.

3. 횡포한 부호들을 엄중히 처벌할 것.

4. 불량한 유림과 양반의 행태를 징벌할 것.

5. 노비 문서를 불태워 버릴 것.

6. 7종의 천인 차별을 개선하고, 백정이 쓰는 평량갓을 없앨 것.

7. 젊어서 과부가 된 여성의 재가를 허락할 것.

8. 이름도 없는 잡다한 세금은 모두 폐지할 것.

9. 관리의 채용은 지역과 문벌을 타파하고 인재를 등용할 것.

10. 왜(일본)와 내통하는 자는 엄중히 처벌할 것.

11. 전부터 있던 공사채는 모두 무효로 할 것.

12. 토지는 균등하게 나누어 경작할 것.

- 《동학사》(오지영)

폐정 개혁안 12개조의 내용을 살펴보면 당시 동학 농민군이 동학 농민 운동을 통해 꿈꾸었던 사회가 무엇이었는지 알 수 있어요. 먼저 2, 3, 4조를 보면 그동안 농민들이 탐관오리와 양반들의 횡포에 엄청난 고통을 당했음을 짐작할 수 있어요. 5, 6, 7조에 나타난 노비 문서의 폐기, 천인과 여성에 대한 차별 개선 등을 통해서는 신분이나 성별에 대한 차별로 고통받던 농민들의 모습도 그려 볼 수 있지요.

8조와 11조에 드러나듯 동학 농민군들은 세금 문제로 고통을 받았을 뿐만 아니라 공사채, 다시 말해 많은 빚을 지고 있었어요. 조선 농민들의 대다수가 경제적으로 큰 어려움에 빠져 있었지요. 이는 1880년대 이후 급격하게 심화된 청나라와 일본의 경제적 침투 때문이었어요. 그러다 보니 10조에서처럼 일본에 대한 감정이 좋지 않았지요.

동학 농민군은 모든 농민들에게 토지를 균등하게 나눠 주려는 목표를 가지고 있었어요. 당시 농민들의 소박하면서도 가장 절실한 바람은 바로 자신의 토지를 가지는 것이었거든요. 양반들에게 땅을 빌리지 않고, 자기 땅에서 열심히 일해 감당할 수 있는 만큼의 세금을 내고 싶어 했지요. 이것은 당시만 해도 상당히 급진적인 생각이었어요.

19세기 내내 수탈로 고통받았던 농민들은 이제 자신의 처지를 극복하고 새로운 사회를 만들기 위해 주체적으로 움직이기 시작했어요. 하지만 안타깝게도 당시 조선 정부는 동학 농민군의 요구를 들어줄 만한 형편이 아니었어요. 당장 조선에 주둔해 있는 청나라군과 일본군 문제를 해결하는 것도 벅찼거든요.

갑오개혁과
동학 농민군의 재봉기

　동학 농민군과 전주 화약을 맺은 뒤 조선 정부는 교정청을 설치하고 스스로 개혁을 시작했어요. 그리고 더 이상 필요하지 않게 된 군대의 철수를 청나라와 일본에 요청했지요. 조선 정부의 요청에 청나라와 일본은 공동 철군을 위한 회담을 시작했어요. 청나라에서는 조선 정부의 요구에 따라 공동으로 군대를 철수하자고 했지만 일본은 함께 남아 조선을 개혁하자고 주장했지요. 급기야 일본은 청나라가 군대를 철수하는 것과 상관없이 조선에 머무르겠다고 선언했어요.

　　이번 아군이 대군을 조선에 파견한 이상 이 좋은 기회를 놓치지 말고 일본 공사관·영사관 및 일본민을 보호하는 외에 한 걸음 더 나아가 조선국으로 하여금 우리 일본의 보호를 받도록 조약을 체결하고 이로써 우리 일본 정부가 조선의 내치와 외교에 간여하고 …… 우리 나라의 세력을 확장하며 아울러 일본민의 이익을 증진시키는 정책을 택하실 것을 건의합니다.
　　　　　　　　　　　　　　　　　　　－ 우치다 영사가 무쓰 외상에게 보낸 상신서

이에 오토리 공사는 조선의 내정에 간섭하기 위해 고종에게 개혁을 제안했지요. 일본의 강경한 입장에 더 이상 일본을 제어하기 힘들다고 판단한 리훙장은 러시아에 도움을 요청했어요. 그러나 러시아는 자신들과는 관계없는 일이라며 외면했지요. 다른 열강들도 중재를 포기하는 것은 마찬가지였어요. 일본과 청나라가 전쟁을 피할 수 없는 상황이 되자, 위안스카이는 도망치다시피 본국으로 돌아갔어요.

1894년 7월 23일 새벽, 일본군이 경복궁을 무단으로 점령하는 일이 벌어졌어요. 일본은 흥선 대원군을 정계로 복귀시켰어요. 흥선 대원군을 앞세워 청나라에 의존했던 민씨 정권을 몰아내려 한 거예요. 흥선 대원군은 꿈꾸던 복귀를 이루었지만 꼭두각시 신세에 불과했어요. 일본은 후에 흥선 대원군이 뜻대로 움직이지 않자 또다시 실각시켰어요. 조선의 운명은 순식간에 일본의 손아귀에 들어가고 말았지요.

이틀 후인 7월 25일, 일본군은 충남 아산 앞바다에서 청나라의 군함 두 척을 기습 공격했어요. 이렇게 해서 청·일 전쟁이 시작되었지요. 전쟁이 벌어지자마자 일본은 오늘날의 천안 부근인 충남 성환에서 청나라의 육군을 물리치며 승승장구했어요. 그리고 8월 1일에야 일본과 청나라는 상대국에게 뒤늦은 선전포고를 했지요. 이미 자신감을 상실한 청나라군은 장기전을 유도하며 서양 열강들의 중재를 기다렸어요. 하지만 일본군은 계속해서 청나라군을 압박하며 속전속결로 전투를 끝내고자 했답니다.

한편 일본은 조선에 김홍집 내각을 새롭게 수립했어요. 김홍집 내각은 군국기무처라는 관청을 세우고 개혁을 추진했지요. 일본의 관심이 청·일 전쟁으로 쏠린 덕분에 조선은 비교적 자주적인 개혁을 실시할 수 있었답니다. 군국기무처를

중심으로 이제 조선에도 개혁의 바람이 불기 시작했어요. 이를 갑오개혁이라고
불러요.

갑오개혁은 1894년부터 1896년까지 3차에 걸쳐 추진되었어요. 1차 갑오개혁은
갑신정변과 동학 농민 운동 과정에서 나온 요구 사항들을 정부의 정책에 반영
하는 것을 주요 골자로 하고 있어요.

먼저 정치 부분에서는 궁내부라는 기구를 설치했어요. 그동안 조선은 국왕이
모든 정치를 결정하는 구조였어요. 하지만 궁내부가 생기면서 왕실의 일을 처리
하고, 행정에 관한 일은 의정부, 즉 내각이 맡게 되었지요. 국왕의 독단적인 결
정으로 정책을 결정하는 것이 아니라, 신하들과 의논해 정책을 결정하는 구조
로 변화한 거예요. 이로써 국왕의 권한은 대폭 축소될 수밖에 없었지요.

또 그동안 조선의 기본 행정 구조였던 6조를 좀 더 세분화해 8아문으로 확대

했어요. 그리고 중국의 연호를 받아 써 오던 관행을 과감히 버리고, 개국 연호를 사용했지요. 이는 청나라의 굴레에서 벗어나 독립국의 면모를 보여 주는 것이었어요. 몇 백 년간 유지되어 온 과거 제도도 폐지했어요. 이는 공식적으로 전통적인 유교 국가에서 탈피하겠다는 의도를 드러낸 것이었지요. 유학이 아닌 외국어나 과학 등 서양의 실용적인 학문들을 공부해야만 출세할 수 있게 되었어요. 그리고 마지막으로 경무청을 신설해 근대 경찰 제도를 시행했어요. 이 모든 변화는 왕권의 축소를 가져옴과 동시에 새로운 시대가 열렸음을 의미했지요.

경제 부문에서는 그동안 여러 관청에서 담당하고 있던 세금 업무를 하나로 통일했어요. 그동안 조선 정부는 여러 가지 방법으로 세금을 걷어 세금의 총액조차 파악하지 못하고 있었어요. 그러다 보니 지방 관청에서 부정부패를 저질러도 확인할 방법이 없었지요. 게다가 정부가 가진 돈이 얼마나 되는지, 그리고 수입

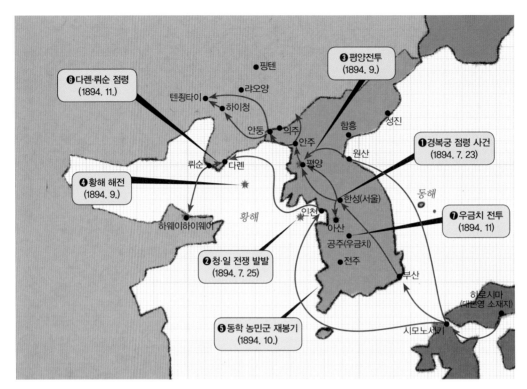

▌동학 농민 운동의 재봉기 지역

은 어느 정도인지도 잘 몰랐어요.

또 당시 서구에서 사용되던 은 본위 화폐 제도를 채택해 화폐를 국제적인 표준에 맞추려는 노력도 이어졌어요. 그리고 세금을 금납화해 돈으로만 세금을 받기 시작했지요. 그 밖에도 도량형을 통일해 물건을 사고팔 때 혼란이 생기지 않도록 했어요.

사회 부문에서는 획기적인 내용의 개혁이 많이 추진되었어요. 조선 사회의 통치 기반이었던 신분 제도에 따른 차별을 폐지하고 공식적으로 노비 제도를 없애, 공노비를 해방한 지 100여 년 만에 모든 노비가 일반민이 되었지요. 전통이라는

┃ 평양 전투 일본은 평양 전투를 통해 청·일 전쟁의 결정적인 승기를 잡고, 전선을 만주로 확대해 청나라를 계속 압박했다.

미명 아래 유지되어 오던 여러 가지 좋지 못한 관습들도 법으로 금지했어요. 남녀의 조혼을 모두 금하고 남자는 20세, 여자는 16세가 되어야만 결혼할 수 있도록 법으로 정했어요. 또 과부의 재가도 허용했지요. 죄인에 대한 고문과 죄인의 가족 및 친척들까지 죄를 물어 처벌하던 연좌제도 공식적으로 폐지했어요.

　이렇듯 다양한 부문에서 개혁을 추진했던 1차 갑오개혁은 이전의 조선 사회보다 진일보한 사회를 만드는 데 크게 기여했어요. 그중 사회 부문에서 가장 큰 개혁을 이뤄 냈지요. 하지만 이처럼 방대한 내용의 개혁을 모두 시행하기에는 조선의 대내외 상황이 좋지 않았어요. 더구나 사회 부문의 개혁은 아주 중요한 내용을 담고 있었으나, 당시 사람들의 인식을 하루아침에 바꾸는 것은 매우 어려운 일이었지요.

1차 갑오개혁이 시행되고 있을 때 일본군은 연전연승하며 청나라군을 조선에서 몰아내고 있었어요. 1894년 9월에는 일본 육군과 해군이 각각 평양성과 황해에서 청나라군에게 대승을 거두면서 일본은 결정적인 승기를 잡았지요. 그러자 일본은 다시 조선의 내정에 간섭하기 시작했어요.

그 무렵, 전봉준과 동학 농민군이 '반침략'을 외치며 국가를 구하기 위해 다시 일어섰어요. 충청도, 전라도, 경상도 삼남 지방을 중심으로 경기도, 강원도, 황해도에 이르기까지 동학 농민군이 봉기했지요. 동학 농민군은 일본군에 점령당한 경복궁을 향해 북상하기 시작했어요. 공주를 함락하며 기세를 올리는 한편, 각 지역에서 관청을 습격하고 일본군에게 피해를 주었답니다.

조선 사람끼리라도 도는 다르나 척왜와 척화는 그 의가 일반적인 일이다. 두어 자 글로 의혹을 풀어 알게 하나니 각기 돌려 보고 충군 애국하는 마음이 있거든 곧 의리로 돌아오면 상의하여 같이 척왜, 척화하여 조선으로 왜국이 되지 않게 하고 같이 마음을 가지고 협력하여 대사를 이루게 할 것이니라.
— 갑오년 동도창의소(전봉준이 관군에게 보낸 호소문)

이에 전쟁에 한창이던 일본은 군대의 일부를 남하시켜 조선의 관군과 함께 동학 농민군을 압박했어요. 일본에 대항하기 위해 일어났는데, 정작 조선의 관군과 싸워야 하는 현실에 처하자 전봉준은 마음이 아팠어요. 전봉준이 쓴 호소문에는 그의 안타까운 마음이 잘 드러나 있지요.

전봉준이 이끄는 동학 농민군 주력 부대는 11월 무렵부터 한 달 가까이 관군과 일본군을 상대로 치열한 전투를 벌였어요. 그러나 공주 우금치에서 벌어졌던 격전에서 기관총으로 무장한 일본군에게 패하고 말았지요. 전봉준은 1000여 명의 농민군을 이끌고 전라도로 후퇴했어요. 그리고 재기를 노렸지만 거듭된 전투에서 계속 패배했지요. 조선 정부는 전봉준의 목에 수많은 현상금과 관직을 걸었어요. 결국 1894년 12월 어느 날, 전봉준은 한 농민의 밀고로 체포되고 말았답니다.

서광범 : 왜 난을 일으켰느냐?

전봉준 : 어찌하여 날보고 난을 일으켰다 하느냐? 난을 일으켰다 하는 것은 바로 왜놈에게 나라를 팔아먹고도 꺼떡없는 부패한 너희 고관들이 아니냐?

서광범 : 관아를 부수고 민병을 일으켜 죄 없는 양민을 죽게 한 것이 난이 아니고 무엇인가?

전봉준 : 일어난 것은 난이 아니라 백성의 원성이다. 민병을 일으킨 것은 기울어져 가는 나라를 구하고자 함이요, 백성의 삶에서 폭력을 제거코자 했을 따름이다. ……

서광범 : 동학의 주의가 무엇이냐?

전봉준 : 보국안민이다.

— 전봉준 *공초 중 일부

이듬해 4월에 전봉준은 서울로 호송되어 처형당하고 말았어요. 여기서 주목할 것은 전봉준의 사형 집행을 결정한 최고 책임자가 당시 법무대신 서광범이라는

공초 죄인이 범죄 사실을 진술하는 일

사실이에요. 갑신정변의 주역이었던 서광범과 동학 농민 운동을 이끌던 전봉준, 두 사람 모두 조선을 위해 자신의 위치에서 최선을 다했지만 결국 한 사람은 사형을 언도하고, 또 한 사람은 사형을 당해야만 했지요.

동학 농민 운동은 전봉준의 죽음과 함께 막을 내렸어요. 우리 역사상 가장 큰 규모의 농민 운동이었던 동학 농민 운동은 조선의 지배층이 만들어 놓은 모순된 질서를 농민 스스로 개혁하려 했던 주체적인 운동이었어요. 비록 실패로 끝났지만 우리 역사에 한 획을 그은 중요한 사건이랍니다. 백성들 스스로 외세의 침략에 맞선 자주적인 운동이기도 했고요. 동학 농민 운동을 통해 이루고자 했던 농민들의 바람은 갑오개혁에 상당 부분 반영되어 사회를 바꾸는 원동력이 되었지요. 그리고 동학 농민군들은 이후 조선 말기의 대규모 항일 의병 활동에 참여해 사회를 바꾸는 데 크게 일조했답니다.

동학 농민군이 관군과 일본군을 상대로 치열하게 싸우고 있을 때, 일본군은 전쟁터를 조선에서 만주로 확장해 청나라를 압박하고 있었어요. 청나라의 랴오둥 반도의 중요 항구인 뤼순과 다롄까지 점령한 일본군은 산둥 반도로 진격할 채비를 갖추고 있었지요. 이러한 상황에서도 일본은 조선 정부의 개혁에 적극적으로 간섭하는 것을 잊지 않았어요.

일본은 비교적 자주적으로 개혁을 추진하고 있던 군국기무처를 폐지했어요. 그리고 갑신정변 이후 대역 죄인이 되어 일본에 망명해 있던 박영효를 불러들여 김홍집과 박영효의 연립 내각을 수립했지요. 아마 고종은 갑신정변을 일으킨 박영효 등을 용서하기가 매우 어려웠을 거예요. 하지만 힘이 없는 나라의 국왕이었던 고종은 일본의 뜻에 따라 박영효 등의 대역죄를 사하고, 박영효를 내무대신 자리에 임명할 수밖에 없었지요.

이렇게 시작된 김홍집과 박영효의 연립 내각은 1894년에 2차 갑오개혁을 시작했어요. 일본의 영향력 아래에서 시작된 개혁이었지만, 자주적으로 개혁을 실시하기 위해 무척이나 노력했지요. 그리고 1895년 1월에는 고종이 홍범 14조를 직접 반포해 1차 갑오개혁의 정신을 계승하려 했어요.

1. 청나라에 의존하는 생각을 버리고 확실히 자주 독립하는 기초를 세운다.
3. 국왕이 사무를 보되, 사무를 각 대신에게 물어 결정하며 왕실 인사의 간섭을 금한다.
4. 왕실 사무와 국정 사무를 분리해 섞이지 않도록 한다.
6. 세금 징수는 법령으로 정해 함부로 걷지 못하도록 한다.
7. 세금의 부과와 징수, 경비 지출은 탁지아문이 관할하도록 한다.
9. 왕실 등 각 부의 모든 기관은 1년치 예산을 세워 시행하도록 한다.

▌**전봉준(1855~1895)** 체포된 후 재판을 받기 위해 압송되는 모습이다.

11. 나라 안의 총명한 인재를 널리 파견해 외국의 학술과 기예를 익히도록 한다.

12. 장교를 교육하고 징병하는 법을 사용해 군제의 기초를 확정하도록 한다.

13. 민법과 형법을 엄격하고 명확하게 제정해 함부로 사람을 가두거나 징벌하지 말게 해 인민의 생명과 재산을 보호한다.

14. 사람을 쓰는 데 문벌과 지벌에 구애받지 않고 널리 인재를 등용한다.

홍범 14조의 주요 내용을 살펴보면 당시 2차 갑오개혁의 방향을 알 수 있어요. 먼저 1조에서는 청나라의 간섭에서 벗어나 자주 독립국으로서 위상을 세우고자 했던 의지를 확인할 수 있지요. 3조와 4조에서는 국왕의 절대적인 권력을 제어하고, 아무런 법적 권한이 없던 왕실 사람들이 정치에 관여하는 것을 금지하고 있어요. 이는 당시 민씨 일가가 수많은 부정부패에 연루되었기 때문이었지요.

6조와 7조, 9조는 모두 세금에 관련된 조항이에요. 국가의 재정을 하나로 관리하고, 계획 하에 필요한 곳에 지출하는 것이 주요 내용이지요. 11조, 14조에는 어떤 내용을 배우고 익혀야 하는지와 어떻게 인재를 등용해야 하는지에 대한 내용이 담겨 있어요. 이는 부국강병의 기초가 되는 조항들이었답니다.

12조에는 지금까지 제대로 이루어지지 않았던 조선의 군대 육성에 대한 의지가 담겨 있어요. 그리고 13조에는 국왕의 명령이 아닌 법으로 국가를 통치해야 한다는 내용이 담겨 있는데, 왕조 국가인 조선에서 13조가 지니는 의미는 상당했어요. 13조가 제대로 실현되면 국왕도 법에 따라야 했기 때문에, 국왕의 권력이 상당 부분 축소될 우려가 있었기 때문이에요.

이외에도 2차 갑오개혁에서는 교육입국 조서를 발표하고 국가가 직접 교육을 책임지겠다는 의사를 밝히기도 했어요. 국가가 근대적 교육 제도를 마련하겠다는 것이 그 핵심이었지요. 이후 조선 정부는 한성 사범학교를 설립해 교사를 양성하고, 소학교를 세워 기초적인 교육을 실시해 나갔어요. 서양의 학문과 기술을 습득할 인재를 양성하기 위해 외국어 학교도 설립했지요. 이에 따라 각종 법령들도 새롭게 정비되었어요.

> 세계 형세를 보건대 부강하고 독립해 응시하는 모든 나라는 다 국민의 지식이 개명했다. 지식의 개명은 교육의 바름을 전제로 하니 교육은 실로 국가를 보존하는 근본이다. 그러므로 내가 임금 자리에서 교육의 책임을 스스로 지노라. 교육은 또 그 길이 있는 것이니 헛이름과 실용을 먼저 분별해야 할 것이다.
>
> — 〈관보〉(1895. 2. 2.)

2차 갑오개혁은 1차 갑오개혁을 이어 나가려는 의지가 강했어요. 하지만 일본의 내정 간섭으로 많은 부분에서 시행이 어려웠지요. 일본의 영향력이 점점 더 강해지고 있었거든요.

명성 황후의 살해와
을미개혁의 추진

　동학 농민 운동이 막을 내리고, 2차 갑오개혁이 전개되고 있을 무렵인 1895년, 일본은 랴오둥 반도 너머로 청나라를 몰아붙이며 산둥 반도까지 영향력을 확대했어요. 리훙장이 자랑하던 북양함대마저 일본에 전멸당하자 놀란 청나라는 일본에 강화를 요청했어요. 일본은 강화를 받아들이기로 했지요.

　얼마 후 일본의 항구 도시인 시모노세키에서 일본과 청나라의 회담이 진행되었어요. 1895년 4월 17일에 열린 이 회담에서 청나라의 리훙장과 일본의 이토 히로부미는 시모노세키 조약을 맺었지요.

> 제1조 청나라는 조선이 완전무결한 독립국임을 승인하고, 청나라에 대한 조선의 조공을 폐지할 것.
> 제2조 청나라는 일본에 랴오둥 반도, 타이완, 펑후 제도를 할양할 것.
> 제3조 청나라는 전쟁 배상금으로 은 2억 냥을 7년에 걸쳐 일본에 지불할 것.
> 제6조 서구 열강이 확보한 항해와 무역에 관한 특권을 일본도 함께 누릴 것.

제1조는 청·일 전쟁이 왜 일어나게 되었는지를 단적으로 보여 주는 조항이에요. 조선에서 우위를 점하기 위한 경쟁에서 일본이 승리함으로써 청나라가 조선에서 손을 뗄 것을 약속하는 내용이었거든요.

　제2조는 청나라에서 받아들이기 어려운 내용이었어요. 하지만 일본군이 청나라의 수도인 베이징 근처까지 밀려오자 다급해진 나머지 응할 수밖에 없었지요. 랴오둥 반도는 중국 랴오닝 남해안에서 서남 방향으로 튀어 나온 곳으로 중요한 항구들이 위치해 있는 전략적 요충지였어요. 타이완과 펑후 제도 역시 서양 열강들에게는 중요한 요충지였지요. 청나라는 이 모든 곳을 시모노세키 조약으로 일본에 빼앗겼어요.

　제3조는 전쟁 배상금에 관한 조항으로, 당시 은 2억 냥은 일본 정부의 3년치 예산에 버금가는 큰돈이었어요. 일본은 7년 동안 8회에 걸쳐 배상금을 지불하게 하고, 배상금을 모두 지불할 때까지 산둥 반도 일대를 점령하겠다고 했답니다.

▌**시모노세키 조약 체결** 이 조약의 체결로 조선 내 일본의 영향력은 절대적으로 커졌다.

제6조는 일본이 본격적으로 제국주의 국가로 변신했음을 보여 주는 조항이에요. 당시 청나라의 해안가는 대부분 서양 열강들이 차지하고 있었어요. 청나라의 방대한 영토를 놓고 각축전을 벌이고 있었거든요. 시모노세키 조약을 통해 일본도 서양 열강과 어깨를 나란히 하게 되었어요.

시모노세키 조약은 일본에 일방적으로 유리하고 청나라에게는 상당히 굴욕적인 조약이었어요. 하지만 일본을 막을 힘이 없었던 청나라는 조선에 대한 모든 권한을 포기하고, 일본이 조선과 만주로 활동 영역을 넓히는 것을 지켜보아야만 했지요. 이는 결국 중국 중심의 동아시아 질서가 공식적으로 해체되었음을 의미했어요.

한편 시모노세키 조약이 체결되자, 가장 놀란 것은 러시아였어요. 러시아 외에 독일과 프랑스도 조약의 내용에 이의를 제기했지요. 이를 삼국 간섭이라고 해요. 세 나라 모두 자국의 이익을 위해 일본의 영토 확장에 반기를 든 것이었지요. 결국 일본은 세 나라의 간섭에 무릎을 꿇고 말았어요. 아직은 제국주의 국가 중 신참에 불과했던 일본이 막강한 군사력과 힘을 가진 러시아나 독일, 프랑스의 요구를 무시하기는 어려웠기 때문이지요.

일본은 삼국의 요구대로 랴오둥 반도를 청나라에 반환하는 대신, 3000만 냥의 배상금을 추가로 받기로 했어요. 종전의 은 2억 냥에 3000만 냥을 더해 총 2억 3000만 냥의 전쟁 배상금을 받기로 한 것이지요. 삼국 간섭은 조선과 만주에 러시아의 영향력이 확대되는 계기가 되었답니다. 일본이 청·일 전쟁을 통해 얻은 조선에 대한 주도권이 러시아로 넘어간 꼴이 되었지요. 그러자 일본 내에서는 러시아와 전쟁을 해야 한다는 목소리가 높아졌어요. 하지만 일본의 국력이나 군대의 규모가 러시아를 상대하기에는 부족했지요. 결국 일본 정부는 한 발 물러선 후 군비 확장에 박차를 가했답니다.

급변하는 국제 상황을 지켜보며 조선 정부는 러시아의 힘을 깨달았어요. 명성 황후를 중심으로 러시아를 이용해 일본을 견제해야 한다고 주장하는 사람들이 늘어났지요. 이들을 '친미·친러파'라고 해요. 이범진, 이완용, 박정양 등이 여기에 속하지요. 그 결과 박정양 내각이 새롭게 수립되고, 총리대신이었던 김홍집이 사퇴했어요. 아울러 박영효는 다시 일본으로 망명을 떠났지요.

청·일 전쟁에서 승리했음에도 사실상 러시아에 밀린 일본은 러시아의 그늘 아래 있는 조선 왕실에 적개심을 품었어요. 일본은 치밀한 계획을 세워 러시아와 조선 정부를 갈라놓으려고 했지요. 1895년 9월, 새롭게 조선에 파견된 일본 공사 미우라는 처음부터 단 하나의 목적을 가지고 있었어요. 그것은 일명 '여우 사냥'이라고 불리던 명성 황후 살해였지요.

> 오직 비상수단으로 조선과 러시아의 관계를 단절시키는 수밖에 다른 방법이 없었다. 즉, 러시아와 조선 왕실이 굳게 손잡고 온갖 음모를 추진하고 있는 데 대해서는 문자 그대로 일도양단, 한쪽의 손을 잘라 내어 양쪽이 서로 손을 잡지 못하게 하는 것 외에는 수가 없었다. 바꾸어 말하면 왕실의 중심인물인 민비(명성 황후)를 제거함으로써 러시아와 조선의 결탁을 근본적으로 파괴하는 수밖에 다른 좋은 방법이 없었다.
>
> — 고바야카와 히데오가 밝힌 민비 살해 사건의 전말

1895년 10월 8일 새벽, 정체를 알 수 없는 한 무리의 사람들이 궁궐에 침입했어요. 바로 미우라와 일본인 자객들 그리고 이들과 내통한 조선군의 제2대대장 우범선이었어요. 홍계훈 장군과 소수의 병사들이 이들을 막아섰지만 처음부터 명성 황후를 암살하려고 철저히 계획한 이들을 막기에는 역부족이었지요. 일본

인 자객들은 명성 황후를 끌어내어 건천궁 옥호루 앞에서 무참히 살해했어요. 그리고 그 시신은 화장했지요. 그렇게 조선의 국모이 명성 황후는 하루아침에 운명을 달리했어요.

이 사건은 러시아 건축 기사인 사바틴과 미국인 군사 교관인 다이 대령이 현장을 목격하면서 세상에 알려졌어요. 이렇게 치졸하고 더러운 방법을 써서라도 조선에 영향력을 미치려고 한 일본 정부에 대한 비판이 여기저기에서 쏟아졌지요. 미국, 영국, 러시아 등은 이 야만적인 행위를 저지른 일본 정부를 비판했어요. 서양 열강의 비판에 일본 정부는 미우라 일당을 본국으로 소환해 재판을 받게 했어요. 물론 미우라와 그 일당은 증거 불충분으로 무죄 판결을 받았지요. 이들은 이후 각계각층의 고위직에 올라 활발히 활동했어요. 처음부터 계획적으로 추진된 명성 황후 살해 사건은 마지막 처리까지 일본 정부의 비호를 받

명성 황후의 장례식 명성 황후가 살해된 지 2년이 지나서야 장례식이 치러졌다.

았지요.

을미사변이라고 불리는 명성 황후 살해 사건은 조선 정부와 고종의 힘이 얼마나 약했는지를 단적으로 보여 주고 있어요. 국왕이 엄연히 존재하는 한 나라의 궁궐에 외국 공사와 그 일당이 침입해 왕비를 살해하다니요. 하지만 고종은 아무런 이의를 제기하지 못했어요. 명성 황후의 장례식조차 치르지 못했지요.

을미사변 이후, 일본은 고종을 협박해 친러 내각을 몰아내고 다시 친일 내각을 구성했어요. 이에 이범진과 이완용 등 친러 내각에 참여했던 인사들은 재빨리 러시아 공사관과 미국 공사관으로 피신했지요. 일본의 힘으로 재구성된 김홍집 내각은 일본 정부의 힘을 업고 다시 개혁을 시작했어요. 이 개혁은 갑오개혁의 연장선상에 있다는 의미에서 3차 갑오개혁이라고도 하고, 을미년에 추진되었다고 해서 을미개혁이라고 불러요.

을미개혁은 처음부터 어려움이 많았어요. 일본의 힘으로 구성된 내각이 추진한 일이었기 때문에 백성들의 감정이 좋지 않았고, 왕비가 일본인에 의해 무참히 살해된 점도 개혁을 추진하는 데 걸림돌이 되었거든요. 더구나 을미개혁의 일환으로 시행된 단발령은 백성들의 마음속 가장 깊은 곳을 자극했어요.

> 그들의 긍지, 자존심과 위엄은 모두 비난받고 발 아래서 짓밟혔다.
> — 《상투의 나라》(언더우드)

당시 조선의 백성들은 부모님으로부터 물려받은 신체를 훼손하거나 다치지 않는 것이 효의 시작이라고 여겼어요. 그러니 단발령으로 머리카락을 잘라야만 하는 상황에 처하자 백성들이 분개할 수밖에요. 효와 충을 근본으로 삼고 살던 조선 사람들에게 이는 매우 받아들이기 어려운 내용이었지요.

을미개혁은 단발령 이외에도 태양력의 사용, 종두법 시행, 소학교 설치 등을 주요 내용으로 하고 있었어요. 당시 조선 사람들은 음력을 쓰고 있었는데, 하루 아침에 양력을 쓰려니 많이 불편했을 거예요.

이처럼 을미개혁은 추진된 배경이나 개혁의 주체 그리고 개혁의 내용 등 모든 면에서 백성들의 반발을 샀어요. 그중에서도 단발령은 명성 황후 살해 사건과 함께 을미의병이 일어난 가장 큰 이유가 되었지요.

한편 명성 황후가 살해된 뒤 고종은 모든 것에 주의를 기울였어요. 독살의 위험을 피해 먹는 것도 가려야 했고, 밤새 뜬 눈으로 잠들지 못할 때도 있었지요. 처소 주변에 외국인들을 불러 언제 있을지 모르는 시해에 대비해야 했던 고종은 자신의 안위를 지켜줄 세력이 필요했어요.

1895년 11월의 어느 날, 이범진, 이완용, 윤치호 등은 미국인 선교사인 언더우드와 헐버트 등에게 도움을 받아 고종을 탈출시키려고 했어요. 이들의 최종 목적지는 미국 공사관이었지요. 치외 법권 지역인 미국 공사관으로 피신하면 일본이나 고종을 시해하려는 무리들로부터 보호받을 수 있을 것이라고 기대한 거예요. 이를 '춘생문 사건'이라고 해요. 하지만 고종의 탈출 시도는 실패했어요.

탈출에 실패하자 고종은 더욱 초조해했어요. 러시아 공사를 통해 몇 차례 러시아의 도움을 받고자 노력했지만, 러시아 정부는 번번이 이에 응하지 않았지요. 그리고 해가 바뀌어 1896년 2월이 되자 고종은 이범진을 통해 다시 러시아에 도움을 요청했어요. 고종과 세자가 러시아 공사관으로 피신하려는 생각이었지요. 이번에는 러시아 황제인 니콜라이 2세가 고종의 피신 계획을 승인했어요. 곧 러시아 수병 100명이 제물포에 상륙했고, 고종은 무사히 러시아 공사관으로 피신했지요. 이를 아관파천이라고 해요. '고종이 궁궐을 떠나 러시아 공사관에

피신한 일'이라는 뜻이에요.

　러시아 공사관으로 몸을 옮긴 고종과 세자는 러시아의 보호 아래 신변의 안전을 보장받을 수 있었어요. 하지만 이 일로 고종의 위신은 땅에 떨어졌고, 러시아는 신변 보호의 대가로 조선에 많은 이권을 요구했어요. 이 과정에서 미국 등 각종 이해관계가 얽힌 서양 열강들도 많은 이권을 챙겼지요. 러시아는 조선에 대한 이권 이외에도 다른 목적을 가지고 고종을 도왔어요. 그것은 고종을 이용해 조선을 둘러싼 일본과의 경쟁을 유리하게 이끌려는 의도였지요.

러시아 공사관 6·25 전쟁 때 본 건물은 부서지고, 현재는 탑과 지하 2층만 남아 있다.

독립 협회와
대한 제국

고종이 러시아 공사관으로 가기 전, 김옥균과 함께 갑신정변을 일으켰다가 미국으로 망명했던 서재필이 귀국했어요. 한국인 최초의 미국 시민권자이자 의학학사 자격증을 취득한 서재필은 1895년 말에 조선으로 돌아온 뒤 미국인의 신분으로 중추원 고문에 취임해 필립 제이슨이라는 이름으로 활동했지요.

서재필은 이완용, 이상재 등 개혁적인 관료들과 함께 조선의 앞날에 대해 고민했어요. 아관파천으로 손상된 국격을 높이고 국민을 계몽하기 위해 몰두했지요. 서재필은 우선 신문을 발간할 계획을 세웠어요. 미국에서 신문이 국민 계몽에 큰 도움을 줄 수 있다는 사실을 깨달았거든요. 서재필은 1896년에 정부의 지원을 받아 〈독립신문〉을 발간했어요.

우리는 첫째 편벽되지 아니하고 무슨 당에도 상관이 없고, 상하귀천을 달리 대접하지 아니하고, 모두 조선 사람으로만 알고 조선만을 위하여 공평히 백성에게 말할 터인데, 우리가 한성 백성만을 위할 게 아니라 조선 전국 백성들을 위하여 무슨 일이든지 대신 말해 주려 함.

그해 7월, 서재필은 독립 협회를 창립했어요. 회장에는 안경수, 위원장에는 이완용이 취임했지요. 서재필은 미국인이었기 때문에 고문으로 독립 협회에 참여했어요. 서재필이 독립 협회를 창립한 가장 큰 이유는 독립문을 건설해 조선이 자주독립국임을 세계만방에 보여 주기 위해서였어요. 때문에 독립문 건립 비용을 내면 누구나 독립 협회의 회원이 될 수 있었어요. 그 결과 독립 협회는 전 국민적인 단체로 성장할 수 있었지요.

독립문은 영은문이 있던 자리 근처에 세워졌어요. 영은문은 중국의 사신을 맞이하기 위해 지은 모화관 앞에 세워진 문으로, 중국에 대한 사대의 상징이었지요. 독립 협회는 독립문을 세우고 모화관을 독립관이라고 개명했어요.

독립 협회는 〈대조선 독립 협회 회보〉라는 기관지를 발행하고 각종 토론회를 개최했어요. 토론의 주제는 국민 계몽에 관한 내용이나 당시 정치 현안들이었지요. 토론회는 큰 호응을 얻었고, 독립 협회는 이 과정에서 관료와 지식인 중심에서 벗어나 민중성을 띠는 단체로 변화했답니다.

독립 협회는 아관파천 당시에는 고종의 환궁을 요구하는 여론을 형성했고, 고종이 궁궐로 돌아온 이후에는 열강들의 이권 침탈에 반대하며 자주독립을 위해 고종에게 황제로 취임할 것을 건의했어요.

▌ **서재필(1864~1951)** 김옥균 등과 갑신정변을 일으켰고 독립 협회를 조직하고, 우리나라 최초의 민간 신문인 《독립신문》을 발간했다.

독립문 독립 협회가 세운 독립문과 그 뒤쪽으로 중국 사대의 상징인 영은문 주춧돌이 보인다.

1898년 3월에 독립 협회의 주최로 열린 만민 공동회는 우리나라 최초의 근대적 민중 집회였어요. 이 집회에서 독립 협회는 러시아의 내정 간섭과 이권 요구를 비판했어요. 더불어 국왕에게 근대적인 정치 개혁을 요구하기도 했지요. 만민 공동회를 통해 국민들의 정치의식은 점차 높아졌답니다.

이후 독립 협회는 내정 개혁에 관심을 보였어요. 법률과 재판을 통해서만 사람을 구속하거나 재산을 처분하도록 요구하는 한편, 언론·출판·집회·결사 등 기본적인 인민의 권리를 요구했지요. 이는 군주권의 제한과 민권의 보호에 관한 내용들이었어요. 독립 협회는 한발 더 나아가 의회의 설립과 국민 참정권 운동을 추진하며 국민의 뜻을 국가 운영에 반영하고자 했어요.

박정양 내각은 독립 협회의 요구를 받아들이기로 했어요. 그 결과 중추원 관제가 반포되었지요. 중추원은 미국의 상원과 같은 의회로, 법률의 개정과 폐지 그리고 국민들의 건의 사항을 심사 및 결정하는 권한을 가지고 있었어요.

중추원은 50명이 정원으로, 정부에서 25명, 독립 협회에서 25명을 선출하기로 했어요. 이러한 결정에 고종의 편에 서 있던 *황국 협회가 반대하고 나섰어요. 그러자 고종은 독립 협회에서 선출할 의원 중 8명에 대한 선출권을 황국 협회에 주고자 했어요. 고종의 황제권을 보호하려는 세력과 군주권을 제한하고 민권 운동을 벌이려는 세력 간의 대립이 시작된 거예요.

대립이 점점 심해지자 1898년 10월, 독립 협회는 만민 공동회를 확대해 정부의 대신들도 참여하는 관민 공동회를 개최했어요. 이 관민 공동회의 개막 연설은 백정이었던 박성춘이 했지요. 천대받는 백정에서부터 정부의 대신들까지 한자리에 모여 의견을 말하고 듣는 자리가 6일간 계속되었어요. 그리고 11월 2일, 관과 민이 하나로 협력해 국가를 운영하자는 내용의 헌의 6조가 결의되었지요.

1. 외국인에게 의지하지 말고 관민이 합심하여 황제권을 공고히 할 것.
2. 외국과의 이권에 관한 계약과 조약은 해당 부처의 대신과 중추원 의장이 함께 날인하여 시행할 것.
3. 재정은 탁지부에서 전담하여 맡고, 예산과 결산을 국민에게 공포할 것.
4. 중대한 범죄는 공판하고, 피고의 인권을 존중할 것.
5. 칙임관은 정부에 그 뜻을 물어 과반수가 동의하면 임명할 것.
6. 정해진 규정을 실천할 것.

헌의 6조는 국가의 재정에 관한 부분을 중요하게 여겨 두 개의 조항으로 넣고

황국 협회 1898년에 개화 세력을 탄압하기 위해 수구 세력이 조직한 단체. 보부상과 연결되어 독립 협회를 견제했다.

있어요. 외국에 이권을 넘겨주는 과정을 더욱 신중하게 처리하고, 재정을 투명하게 관리하도록 정해 부강한 나라를 꿈꾸었지요. 또 인민의 기본권을 지키고 합리적으로 인재를 배치해야 한다고 강조했어요. 그리고 6조를 통해 이 모든 조항을 실천할 것을 촉구했답니다.

하지만 이러한 요구들은 고종과, 황제를 중심으로 개혁을 하고자 했던 대신들이 받아들이기에는 다소 무리가 있었어요. 어쩔 수 없이 헌의 6조를 결제하기는 했지만, 고종은 헌의 6조의 내용이 탐탁지 않았어요. 황제의 권한이 줄어드는 것이 내심 못마땅했을 테지요. 고종을 따르던 친러 수구파 역시 독립 협회의 위상이 점점 커지는 것에 불만을 품기 시작했어요.

헌의 6조가 결의되고 이틀 후 친러 수구파는 서울 시내 곳곳에 익명서를 붙였어요. 그 내용은 '독립 협회가 군주제를 폐지하고 박정양을 대통령으로 선출하는 등 공화정을 실시하려 한다.'는 것이었지요. 명백히 조작된 내용이었지만, 친러 수구파는 이를 증거로 고종에게 독립 협회를 모함했어요. 고종은 독립 협회의 간부들을 체포하라고 지시했는데, 이날은 독립 협회가 25명의 중추원 민선 의원을 선출하기로 한 날이었어요. 친러 수구파의 방해만 없었다면, 11월 5일은 우리나라에 첫 의원이 탄생하는 날이 될 수도 있었을 거예요.

고종의 지시에 이상재, 남궁억 등 17명의 독립 협회 간부들이 체포되었어요. 이에 이준 등은 만민 공동회를 열어 이들의 석방을 요구했지요. 많은 사람들이 만민 공동회에 가담하자, 고종은 17명 전원을 석방하라는 조치를 내렸답니다.

이후 독립 협회와 고종을 지지하는 황국 협회 사이에 갈등이 계속되었어요. 독립 협회는 수구 대신들의 파면을 요구하는 만민 공동회를 개최했고, 고종은 황국 협회를 동원해 이들을 폭력적으로 진압했지요. 이 과정에서 독립 협회는 해산과 복설을 몇 차례 반복하며 황국 협회 측과 첨예하게 대립했어요.

그러던 중, 고종은 12월 22일부터 군대와 황국 협회를 동원해 만민 공동회를 해산시키기 시작했어요. 이듬해인 1899년에는 지방의 독립 협회 지회까지 모두 해산하도록 했지요. 고종은 독립 협회 해산에 큰 공을 세운 황국 협회에 선물을 내렸어요. 그것은 보부상의 상업적 특권을 법으로 보장해 준 것이었지요. 이후 고종은 중추원을 개편해 유명무실한 기구로 전락시켜 버렸어요. 그리고 8월에는 우리나라 최초의 근대적 헌법인 대한국 국제를 반포해 대한 제국이 오로지 황제의 국가임을 과시했지요.

이처럼 독립 협회는 당시 사회에 일대 혁신을 몰고 왔던 단체예요. 하지만 사회 진화론을 받아들였다는 점에서 문제가 있었어요. 사회 진화론은 '한 국가나 사회가 생물처럼 진화한다.'라는 이론이에요. 진화론에서는 환경에 적응하는 생물만 살아남는다는 적자생존을 주장해요. 동물의 세계에서는 당연한 이야기지만, 인간 사회에서는 그렇지 않아요. 당시 서양의 제국주의 열강들이 사회 진화론을 외치며 다른 대륙을 침략했거든요. 강한 자가 살아남고, 약한 자는 도태된다는 논리로 말이에요. 그 결과 서양의 문물과 제도를 수용하는 데만 집중한 나머지 그들의 침략성을 간과한 한계점을 지니게 되었어요.

대한 제국의 탄생과
광무개혁

지속적으로 조선에 접근해 오는 서양 세력들은 물론, 청나라와의 전쟁에서 승리한 이후 조선을 압박하던 일본의 위협이 거세지던 가운데, 고종은 국왕으로서 타국의 공사관에서 목숨을 부지해야 하는 자신의 현실이 너무나 안타까웠어요.

한편, 청·일 전쟁의 배상금 때문에 러시아, 프랑스, 영국, 독일 등으로부터 막대한 자금을 빌렸던 청나라는 이로 인해 서양 열강에 경제적으로 종속되고 말았어요. 결국 청나라의 영토마

▮ 영국, 독일, 러시아, 프랑스, 일본이 청나라의 영토와 이권을 나누고 있는 모습을 풍자한 그림이다.

저 소유하다시피 한 서양 열강은 이제 수탈의 눈길을 조선으로 돌렸어요. 혹시 조선에서도 빼앗아 갈 이권이 있나 싶었던 거예요. 더구나 국가 최고의 권력자인 고종이 러시아 공사관에서 목숨을 부지하고 있는 상황은 서양 열강들에게 매력적으로 다가왔을 거예요. 이러한 상황에서 조선은 러시아를 이용해 일본을 견제하려 했어요. 조선은 러시아를 향해 적극적으로 구애의 손길을 뻗고 있었지요.

때마침 러시아 니콜라이 2세의 대관식 소식이 들려왔어요. 대관식에 참석하기로 결정한 조선 정부는 민영환을 특명 전권 공사로 임명하고 사절단을 꾸렸어요. 사절단에는 각각 영어, 중국어, 러시아 어 통역을 담당한 윤치호, 김득련, 김도일 등도 포함되어 있었지요. 이들 일행의 임무는 러시아 황제의 대관식을 참관하고 고종의 국서를 전달한 뒤, 러시아와 조약을 체결하는 것이었어요.

민영환 일행은 1896년 4월 1일에 조선을 떠나 50여 일만에 러시아에 도착했어요. 제물포에서 출발해 일본의 요코하마를 경유한 뒤 태평양을 건너 캐나다 밴쿠버에 도착한 이들은 몬트리올, 미국의 뉴욕, 영국의 리버풀과 런던, 독일의 베를린, 당시 망국이었던 폴란드의 바르샤바를 거쳐 러시아에 도착했지요. 조선인으로서는 처음으로 세계 일주를 한 셈이었어요. 민영환이 남긴 기행문인《해천추범》과 김득련이 남긴《환구일기》,《부아기정》등을 통해 이들의 여정을 확인할 수 있어요.

러시아의 니콜라이 2세를 만난 민영환은 러시아가 고종의 안전한 환궁을 보장해 줄 수 있는지 물었어요. 이에 대한 방안으로 러시아에서 궁궐 호위 병사를 파견해 줄 것과 군사 교관을 보내 조선의 군대를 훈련시켜 줄 것을 요청했지요. 민영환은 그와 함께 조선에 차관을 빌려 줄 수 있는지도 물었어요. 일본에서 빌린 돈을 갚기 위해서였지요.

이러한 요청에 러시아는 군사 교관은 보내 줄 수 있으나, 궁궐 호위 병사를 파견하는 것은 어렵다며 거절했어요. 차관 역시 가난한 조선 정부가 갚을 능력이 있는지 의심된다며 대답을 미루었지요. 결국 러시아는 조선의 요구 중 극히 일부만 들어주고 대부분은 정중히 거부했어요.

이에 앞서 조선이 급속도로 러시아와 가까워지자 일본은 러시아와의 외교를 서둘렀어요. 러시아 또한 힘없는 조선보다는 일본과 관계를 맺는 것에 더 흥미를 보였지요. 당시 러시아의 최대 관심은 조선이 아닌 만주였어요. 더구나 병력과 군수 물자를 나를 수단인 시베리아 횡단 철도의 완공을 눈앞에 두고 있었기 때문에 일본과의 무력적 충돌은 피하고 싶었지요.

러시아와 일본의 이해관계가 맞아떨어지면서 양국은 두 차례에 걸쳐 각서를 주고받았어요. 하나는 베베르·고무라 각서이고, 또 다른 하나는 로바노프·야마가타 의정서예요. 베베르는 조선 주재 러시아 공사였고, 고무라는 조선 주재 일본 공사였어요. 그들은 각서를 통해 조선에서 챙기는 이익에 대해 서로 인정해 주었지요.

1. 조선 국왕 폐하의 환궁 문제는 폐하 자신의 판단에 일임할 것이로되 러시아와 일본 양국의 대표자는 안전상 문제가 없다면 환궁하기를 충고할 것이다.
4. 조선인에게서 만일 습격당하게 될 경우 경성 및 개항장에 있는 일본인 거류지를 보호하기 위해 일본군을 배치할 수 있다. …… 또 러시아 공사관 및 영사관을 보호하기 위해 러시아 정부도 역시 위의 각 지역에서 러시아 위병을 배치할 수 있다.

— 베베르·고무라 각서 중

이후 체결된 로바노프·야마가타 의정서는 베베르·고무라 각서의 연장선상에서 맺어진 것으로, 이 의정서 또한 러시아와 일본이 조선에서 챙기는 이익에 대해 서로 보장해 주는 것을 주목적으로 하고 있어요. 이런 줄도 모르고 조선은 니콜라이 2세의 대관식에 참석해 러시아에게 도움을 요청한 거예요.

> 제5조 이유 여하를 불문하고 만일 조선국의 안녕 질서가 어지러워지거나 혹은 장차 어지러워질 염려가 있을 경우 그리고 만일 러시아와 일본 양국 정부가 …… 그 합의로써 다시 군대를 파견할 경우에는 서로 간의 충돌을 예방하기 위해 양국 군대 사이에 공지를 두어 서로의 영역을 확정한다.
>
> 제6조 베베르와 고무라가 서명한 가협정은 그 효력을 가지며 조선국 대군주의 신변 보호에 관해 현존하는 상태도 조선의 군대가 창설될 때까지 계속된다.
>
> — 로바노프·야마가타 의정서 중

니콜라이 2세의 대관식에는 조선의 대표만 참석한 것이 아니었어요. 청나라의 리훙장 역시 수백 명의 일행을 대동하고 와 러시아와 비밀 조약을 체결하고 러시아의 만주 진출을 인정했거든요. 청나라도 러시아의 힘을 빌려 일본의 침략을 막으려 했던 거예요. 힘이 우선인 냉담한 국제 사회에서 조선의 입지는 점점 좁아졌어요.

결국 조선이 러시아에게 받은 것은 군사 교관 10여 명뿐이었어요. 그들은 조선에서 800명의 군사를 차출해 정예 교육을 실시했어요. 그리고 고종은 환궁 준비를 시작했지요. 고종은 경복궁이 아닌 경운궁(덕수궁)으로 환궁하기로 결정했어요. 고종은 당시의 경복궁이 워낙 넓고 주변이 한적해 왕실을 지키기 어렵다고 판단했어요. 그래서 주변이 각국의 공사관으로 둘러싸여 있던 정동의 경운궁을 택했지요.

1897년 2월 20일에 경운궁으로 환궁한 고종은 열강들로부터 벗어나 대내외에 조선이 자주독립국임을 알리고 싶었어요. 그동안 떨어진 자신의 위신도 세워야 했고요. 마침 정부의 수많은 관리들이 *칭제건원을 주장했어요. 이에 고종은 1897년 10월에 원구단을 쌓고 황제 즉위식을 거행했어요. 국가의 이름은 '대한(大韓)'이라 정하고, 중국과 다른 연호인 '광무'를 사용할 것임을 선포했지요. 그리고 그해 11월에는 그동안 치르지 못했던 명성 황후의 장례식도 치렀답니다.

독립 국가로 새롭게 출범한 대한 제국은 국제적으로 인정받았어요. 러시아와

칭제건원 '황제를 칭하고 연호를 새로 제정하다.'라는 뜻으로 중국으로부터 벗어나 자주독립국임을 선포하는 것

▌**원구단** 고종이 황제의 자리에 올랐던 원구단은 1913년에 일제가 헐었다. 오늘날 이 자리에는 웨스틴 조선 호텔이 있다.

경복궁

창덕궁

종묘

경희궁

러시아 공사관

영국 공사관

프랑스 공사관

경운궁

미국 공사관

벨기에 공사관

청나라 공사관

숭례문

독일 공사관

일본 공사관

남산

▌서울 지도 축도

일본 등이 대한 제국을 승인했고, 곧이어 국제 사회 모두 대한 제국을 인정해 주었지요. 이후 대한 제국은 청나라와 대등한 입장에서 협상을 벌여 한·청 통상 조약을 체결했어요.

'대한(大韓)'은 '한(韓)'이라는 우리 고유의 이름을 사용해 지은 이름이에요. 이후 '대한'이라는 이름은 우리나라의 고유한 국가 명칭이 되었어요. 일본에 나라를 빼앗겼을 때도 '대한민국 임시 정부'라는 이름을 사용했고, 독립한 이후 지금까지도 '대한민국'이라는 이름을 사용하고 있지요. 우리가 흔히 부르는 '한국'은 대한민국의 줄임말이에요.

> 대한이라는 이름을 살펴보면 황제의 정통을 이은 나라에서 이런 이름을 쓴
> 적이 없다. 한이란 이름은 우리의 고유한 나라 이름이며, 우리나라는 마한, 진
> 한, 변한 등 원래의 삼한을 아우른 것이니 큰 한이라는 이름이 적합하다.
> 　　　　　　　　　　　　　　　　　　　　　　　　　　　－《고종실록》

　대한 제국 정부는 구본신참, 즉 옛것을 근본으로 삼아 새로운 것을 참작한다
는 원칙 아래 개혁을 시행했어요. 이를 광무개혁이라고 불러요. 그동안의 개혁
들이 너무 급진적이었다고 판단한 대한 제국 정부는 황제를 중심으로 점진적인
개혁을 추진해 나갔지요.

▌**훈련을 받고 있는 시위대** 고종은 대한 제국 수립 후 군대 양성에 힘을 쏟았다.

먼저 국방·용병·군사를 전담하는 기구인 원수부를 설치하고 황제가 직접 통솔하는 군대를 양성했어요. 또 서울의 시위대와 지방의 진위대의 군사를 보강하고 장교를 육성하는 등 군사 제도를 개혁했지요. 이때 양성된 군대는 1907년에 해산되기 전까지 고종의 친위대로 활동했답니다.

광무개혁이 눈에 보이는 성과를 낸 것은 경제 분야였어요. 정부는 국가 재정을 적극적으로 확보하는 방향으로 개혁을 추진했어요. 양전 사업을 실시해 세금이 얼마만큼 들어오는지 파악하고 일부 지역에서는 일종의 근대적 토지 소유권인 '지계'를 발급해 토지 소유권을 확립하고자 했지요. 그 결과 대한 제국의 재정 수입은 늘어났고, 이를 바탕으로 근대 국가로 발전하는 데 박차를 가할 수 있었어요.

한쪽에서는 서양의 기술과 기계를 적극적으로 도입하려는 노력도 진행되었어요. 이를 '식산흥업 정책'이라고 하는데 '식산흥업'은 '생산을 늘리고 산업을 일으킨다.'라는 뜻으로 국가의 경제를 부흥시키는 것을 말해요. 이를 위해 대한 제국 정부는 공장과 회사를 설립하고 철도, 전기, 해운, 금융 등의 부흥을 위해 노력했어요.

공장과 회사를 설립함에 따라 이곳에서 일할 인재를 양성하기 위해 실업 학교와 기술 교육 기관이 설립되었어요. 전화와 우편·전보망 등의 통신 시설과 철도와 전차 등의 교통 시설을 확충하는 노력도 이어졌지요. 여기에 근대식 병원인 광제원을 설립하고 전염병을 국가가 관리하는 법률도 제정했어요. 이처럼 대한 제국은 부강한 국가로 발전하려는 노력을 계속했답니다.

1899년에 고종은 대한 제국의 헌법에 해당하는 대한국 국제를 반포했어요. 대한국 국제의 특징은 황제가 국가 운영에 관한 모든 권한을 가진다는 점이에요. 이처럼 대한 제국은 황제에게서 모든 권력이 나오고, 황제를 중심으로 모든 개혁이 진행되는 국가였어요.

제1조 대한국은 만국이 공인한 자주독립 제국이다.

제2조 대한 제국의 정치는 만세 불변의 전제 정치이다.

제3조 대한국 대황제는 무한한 군권을 누린다.

제6조 대한국 대황제는 법률을 제정하여 그 반포와 집행을 명하고, 모든 법적
     인 조치를 취할 수 있다.

제9조 대한국 대황제는 각 조약의 체결 국가에 사신을 파견하고, 모든 조약
     을 체결한다.

▌**고종 황제** 조선의 왕복을 벗고 근대식 복식을 갖춰 입었다.

대한 제국은 국가를 부강하게 만들고, 국가의 자주독립을 알리기 위해 부단히 노력했어요. 1897년에는 만국 우편 연합에 가입하고 1900년에는 프랑스 파리에서 열린 만국 박람회에 참가해 우리의 전통문화를 알렸지요. 또 1903년에는 국제 적십자사에 가입해 독립국의 면모를 전 세계에 과시했어요.

고종을 중심으로 진행되었던 광무개혁은 대한 제국을 근대화하기 위한 노력이었어요. 자주독립국의 위상을 높이고, 경제 부분에서 가시적인 성과가 나타났다는 점에서 기존의 개혁들과 차별성을 지녔지요.

하지만 광무개혁은 황제권을 강화하는 데 급급해 대한 제국을 근대 국민 국가로 전환시키지 못했다는 한계를 지녀요. 그나마 많은 노력을 기울인 군제 개혁 또한 황제를 지키는 친위대 수준에서 벗어나지 못했지요. 서양 열강들과 어깨를 나란히 하려고 발버둥 쳤던 일본과 비교해도 크게 뒤처지는 수준이었어요. 게다가 조선 정부는 어려운 국가 재정에도 불구하고 황실과 황실의 제사를 위해 많은 돈을 지출했어요. 결국 겉으로는 부국강병을 외쳤지만, 여전히 낡은 체제와 결별하지 못했던 거예요.

한편 대한 제국 정부는 영토 문제를 놓고 청나라와 강하게 대립했어요. 대표적인 곳이 간도랍니다. 간도는 19세기 후반부터 우리 민족이 적극적으로 개척한 영토예요. 그럼에도 간도가 어느 국가의 영토인가를 놓고 대한 제국과 청나라가 치열하게 대립했지요. 그 이유는 바로 조선 숙종 때 세운 백두산정계비 때문이었어요. 백두산정계비는 조선과 청나라가 국경선을 표시하기 위해 백두산 위에 세운 비석인데, 논란이 된 것은 백두산정계비에 새겨진 여덟 글자에 대한 해석이었지요.

西爲鴨綠, 東爲土門 (서위압록, 동위토문)

이는 서쪽으로는 압록강, 동쪽으로는 토문강을 경계로 한다는 내용이에요. 하지만 처음 이 비석이 세워진 1712년에서 200년 남짓 시간이 지나자 문제가 생기기 시작했어요. 대한 제국이 토문강을 송화강 지류로 보고 간도를 우리 영토라고 주장한 반면, 청나라는 토문강이 도문강(지금의 두만강)이라며 간도를 청나라의 영토에 포함시킨 거예요.

이에 대한 제국은 1902년에 간도 관리사로 이범윤을 임명하고, 그를 간도에 파견했어요. 간도를 실질적으로 대한 제국의 행정 체제에 포함시켜 우리나라의 영토로 관리한 셈이지요. 그러던 간도를 빼앗긴 것은 일본 때문이었어요. 이후 1905년에 을사늑약으로 대한 제국의 외교권을 빼앗은 일본이 대한 제국

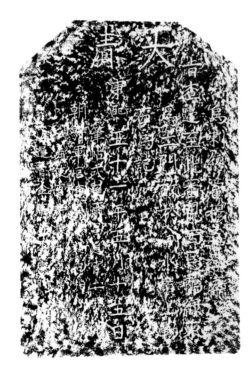

▌**백두산정계비** 일제 강점기를 거치며 사라졌다.

을 대신해 청나라와 간도 협약을 체결하면서 간도를 청나라에 넘긴 거예요. 일본은 간도를 넘긴 대가로 청나라로부터 만주 철도 부설권 등의 이권을 넘겨받았지요.

청나라의 근대화
과정

두 차례의 아편 전쟁으로 자국의 처지를 깨달은 청나라 정부는 서양의 과학과 기술을 받아들이겠다고 결심했어요. 그리고 이를 실천에 옮기면서 양무운동이 시작되었지요. 양무운동은 중국의 전통 제도와 의식은 그대로 유지하면서, 서양의 과학과 기술만 받아들인 근대화 운동이에요. 청쿼펀(증국번)과 리훙장을 중심으로 한 양무파가 주도했지요.

양무파는 강남제조총국을 지어 무기를 생산하는 한편, 기기국과 선정국을 세워 대포와 화약 그리고 함선을 제작했어요. 양무파는 3개의 해군 함대를 창설해 군사력을 보강하는 동시에 서양식 군사학을 가르치는 해군학교를 건립했지요. 다방면에서 서양의 침투에 대항하기 위해 전국 곳곳에 회사와 공장도 설립했어요. 동문관을 설치해 외국어 교육을 실시하는 한편, 근대화를 이끌어 갈 인재 양성을 목적으로 미국과 유럽 등지에 유학생을 파견했지요.

양무운동을 진행한 지 30여 년 후, 양무운동의 성과를 평가할 수 있는 큰 사건이 일어났어요. 그것은 청·프 전쟁이었지요. 청나라는 인도차이나 반도를 식민지화하려는 프랑스에 맞서 당시 청나라의 속국으로 여겼던 베트남을 지키려 했어요.

청·프 전쟁 프랑스가 베트남에 대한 종주권을 얻으려고 청나라에 대하여 일으킨 전쟁이다.
1885년에 프랑스가 승리하여 인도차이나 반도를 식민지로 삼았다.

　1884년 8월에 프랑스가 타이완을 봉쇄하면서 시작된 청·프 전쟁은 청나라가 프랑스에 무력한 모습을 보이던 가운데 영국의 중재로 끝이 났어요. 전쟁에서 패한 뒤, 청나라의 근대화를 추진한 세력들은 책임을 지고 물러났지요. 그 틈을 타 권력을 잡은 서태후 등의 보수파 관료들은 청나라의 발전보다 자신들의 권력과 지위를 지키는 데만 급급했어요. 이들이 양무운동을 방해하면서 청나라의 근대화는 지연되었지요. 그러던 중 청·일 전쟁에서까지 대패하자 청나라의 지배층은 근대화의 방법을 바꾸어야 한다고 생각했어요.

　그렇게 해서 시작된 것이 1898년, 캉유웨이가 추진한 **변법자강운동**이에요. 변법자강운동은 일본의 메이지 유신을 본받으려 한 운동으로 근본적인 제도까지 서양의 것을 본받으려 했지요. 하지만 이 운동은 시작된 지 약 100일 만에 서태후와 보수 관료들에 의해 실패하고 말았어요. 이후 청나라는 서태후의 권력 독점과 의화단 운동 등으로 점점 쇠퇴의 길을 걷다가 1911년, 쑨원의 신해혁명으로 그 운명을 다하고 말았답니다.

3장

새로운 문물의 수용과 사회 변화

개항 이후, 조선에는 수많은 서양 문물이 쏟아져 들어왔어요. 서양의 낯선 사상과 문화 등으로 인해 조선 사회는 급격한 변화를 겪게 되었지요. 생활이 좀 더 편리해지고, 민권 의식도 성장했어요. 하지만 서양 문물이 조선 사회에 긍정적인 영향만 끼친 것은 아니었어요. 서양 문물이 조선에 어떻게 전해지고 그로 인해 조선 사회가 어떻게 변화했는지 살펴보도록 해요.

서양 문물의
수용

　서양의 기술과 학문 도입에 대한 필요성은 개항 이전부터 제기되었어요. 하지만 조선 정부는 개항 이후에야 공식적으로 서양의 문물을 수입하기 시작했지요. 일본과 강화도 조약을 맺은 이후부터 '개화'는 조선이 거부할 수 없는 시대적 흐름이 되었거든요. 개항 이후 수많은 서양인들이 제물포를 거쳐 조선에 발을 들이면서 서양 문물은 자연스럽게 조선 곳곳으로 퍼졌어요.

　조선 정부에도 개화의 바람이 불기 시작했어요. 개화파를 중심으로 서양의 기술과 무기 제조법 등을 배워야 한다는 주장이 높아졌지요. 처음에는 개항을 반대했던 유학자와 유생들 중에서도 서양 문물의 필요성을 제기하는 사람들이 점차 늘어났어요.

　개화를 요구하는 목소리가 높아지자 정부는 청나라에 영선사를 파견해 무기 제조 기술을 배우도록 했어요. 그리고 임오군란 이후, 청나라에 보냈던 유학생들을 복귀시켜 근대적 무기 공장인 기기창을 건설했지요. 본격적으로 서양식 무기를 제조하려고 시도한 거예요. 한편 임오군란의 뒤처리를 위해 일본에 다녀온 박영효가 서양의 인쇄 기술을 들여오면서 인쇄 및 출판을 위한 박문국이 세워졌어요. 박문국에서는 신문을 발생하고 그것을 통해 정부 시책을 홍보했지요.

정부는 개화 정책의 일환으로, 지금까지 임시로 발행되던 화폐 체계를 개편하고 전환국을 설치했어요. 이후 전환국은 다량의 화폐를 만드는 상설 기관으로서 필요한 시점에 화폐를 만들어 국가의 통화량을 조절하는 역할을 했지요.

미국에 보빙사로 파견되었던 이들이 돌아오면서 양잠과 광산 등의 분야에도 눈을 돌렸어요. 정부는 농무 목축 시험장을 설치하고 서양의 농법을 연구하거나 농업 서적을 편찬하도록 했어요. 한편 일본 위생국에서 종두 제조법을 배워 온 지석영은 조선에 종두법을 도입해 천연두를 예방하기도 했답니다.

최초의 서양식 근대 의료 기관인 광혜원은 갑신정변 당시 민씨 일가의 실세였던 민영익이 개화파 자객에게 큰 부상을 입었던 사건을 계기로 설립되었어요.

> 얼마 뒤 밖에서 불이 일어나자 민영익이 이를 보려고 뛰쳐나갔다. 어떤 사람이 갑자기 일어나 그를 칼로 내리치자 귀가 떨어지고 어깨에도 상처를 입었다. 민영익이 땅에 쓰러지자 목인덕이 그를 부축해서 달아났다.
>
> ─ 《매천야록》(황현)

이때 민영익은 생명이 위험할 정도로 큰 부상을 입었지만 당시 그곳에 있던 목인덕, 즉 묄렌도르프가 민영익을 자신의 집으로 데려간 덕분에 목숨을 건졌답니다. 묄렌도르프는 당시 통리기무아문에서 일하던 독일 외교관으로, 선교를 위해 서울에 와 있던 미국인 의사 알렌을 불러 민영익을 치료하게 했어요. 알렌은 서양식 의술을 이용해 민영익을 살려 냈지요.

민영익은 중전 민씨의 조카이자, 민씨 일가의 대표적인 인물이었어요. 그런 사람을 죽음의 문턱에서 살려 냄으로써 알렌과 서양 의학은 왕실의 신임을 얻게 되었지요. 고종은 알렌을 왕실의 의사로 임명하고, 우리나라 최초의 서양식 근대 의료 기관인 광혜원을 설립했어요. 광혜원은 한 달이 채 지나기 전에 제중원이라고 이름을 바꾸었지요.

이후 알렌은 제중원 의학교를 설립하고 의학도를 선발해 교육을 실시했어요. 그러던 중 1893년에 토론토대학교의 의대 교수였던 에비슨이 제중원을 인수했어요. 에비슨은 미국의 사업가인 세브란스에게 거액의 돈을 기증받아 세브란스 병원을 신축했어요. 그리고는 세브란스의학전문학교라는 교육 기관을 설립했답니다.

서양의 학문에 대한 관심이 높아지면서 수많은 학교들이 문을 열었어요. 함경도 원산은 강화도 조약 이후 개항된 항구로, 일찍부터 서양 문물이 들어온 곳이었지요. 원산 주민들은 서양의 문물을 접하면서 자녀들에게도 근대 학문을 가르치고자 했고, 이에 따라 1883년에 조선의 첫 근대 학교인 원산 학사가 문을 열

▌**제중원** 최초의 서양식 근대 의료 기관이다.

었어요. 이 학교는 함경
도 덕원부의 주민들과 지
방관이 힘을 합쳐 개교한,
일종의 사립 학교였지요.

정부에서는 외국어를 가
르치는 동문학, 영어와 서
양의 근대 학문을 가르치
는 육영 공원도 세웠어요.
정부는 외국인 교사도 초
빙해 내실을 높이려 했지

▌**관립 중학교** 미국인 선교사 헐버트가 관립 중학교에서 수학을 가르치고 있다.

만, 재정이 충분하지 않아 많은 학교들이 유명무실해지기도 했어요. 하지만 이
러한 노력들로 인해 조금씩이나마 서양식 근대 학문을 익힌 인재들이 배출되었
지요. 선교사들도 학교를 세우고 신학문과 영어 등을 가르쳤어요. 배재 학당과
이화 학당이 선교사들이 세운 학교랍니다.

2차 갑오개혁 때 고종이 교육입국 조서를 발표하고 근대적 교육 체제를 마련
할 즈음, 비슷한 시기에 관립 아어학교(러시아 어), 관립 법어학교(프랑스 어), 관
립 덕어학교(독일어) 등 각종 외국어 학교가 설립되었어요. 이들 학교의 설립 목
적은 외국어 선문가를 양성하는 것이었지요.

여기서 주목할 것은 갑오개혁을 통해 교육만 담당하는 정부 부서가 생겨났다
는 점이에요. 이후 1905년까지 정부는 전국에 소학교 90여 개를 설립하고, 중등
교육을 위한 한성중학교를 설립했어요. 여기에 민간 차원에서도 1400여 개의 소
학교와 양정의숙, 숙명학교 등의 중등 교육 기관을 설립했답니다.

▌〈전기시등도〉 경복궁 건청궁에 조선의 첫 전등이 설치된 장면을 묘사한 그림. 조선은 일본보다 이른 시기에 전등을 가설했다.

조선에서 각종 학교가 설립되고 있을 때 미국에서는 한 젊은이가 엄청난 물건을 발명해 절찬리에 팔고 있었어요. 그것은 백열전구로, 발명한 젊은이는 에디슨이었지요.

1887년, 에디슨 전기 회사는 조선에 전등을 가설했어요. 그리고 경복궁 건청궁에 조선 최초의 전등이 불을 밝혔지요. 하늘이 맑다는 뜻의 건천궁에 전등이 설치되면서 밤하늘까지 맑게 변한 듯했어요.

경복궁 건천궁에 가설된 전등은 자체 발전기를 돌려서 얻은 전기를 사용한 것으로 민가에까지 보급되지는 못했어요. 하지만 얼마 후 종로 일대에 가로등이 세워지면서 밤거리는 조금씩 환해졌답니다.

벽 위에서 종소리가 사람을 대신 부르니
통 속에서 전하는 말 조금도 어그러짐이 없네.

만사 서로 논하기를 마주 대하는 것 같으니

비둘기와 노비, 종인들이 오고 가는 노력을 면할 수 있네.

－《해천추범》(민영환)

민영환이 말하고 있는 것이 무엇인지 짐작이 가나요? 민영환은 러시아 황제의 대관식에 가던 중 전화기를 처음 보았어요. 시간을 절약할 수 있고, 사람들의 고생을 덜어 준다고 표현한 것을 보면, 신기한 물건인 전화기를 긍정적으로 평가한 것 같아요.

전화기는 1898년에 미국인에 의해 처음 경운궁에 설치되었어요. 주목적은 고종 황제의 명을 정부의 대신들에게 전달하는 것이었지요. 그러던 것이 1900년에는 서울과 인천 사이의 시외 전화까지 개통되면서 서울과 인천은 더욱 가까워졌어요.

갑신정변으로 시행이 늦어졌던 우편 제도에 대한 개혁은 을미개혁 때 시작되었어요. 대한 제국이 만국 우편 연합이라는 국제기구에 가입하면서 외국과의 우편 업무도 가능해졌지요. 또 1885년에는 전신선이 가설되기 시작하면서 서울과 인천, 서울과 의주 그리고 서울과 부산 사이에서는 빠르게 소식을 주고받을 수 있게 되었답니다.

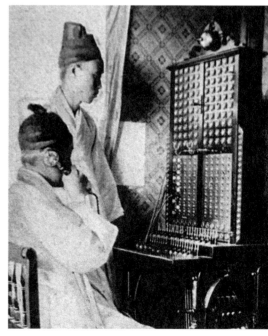

❚ **전화 교환수** 1902년 대한민국 최초로 업무를 시작한 한성 전화소에서 일하는 전화 교환수의 모습이다.

새로운 문물의
빛과 그림자

경복궁 건청궁에 전등이 도입되고 10년 남짓 지난 후인 1898년에 미국인 콜브란은 고종에게 전기 회사의 설립을 제안했어요. 콜브란의 제안을 받아들인 고종은 한성 전기 회사를 설립했지요.

┃**한성 전기 회사** 대한 제국의 전기, 전차, 전화 등의 업무를 관할했다.

한성 전기 회사는 우리나라의 첫 전력 회사로 잘 알려져 있지만, 당시에는 근대의 상징과도 같은 시계탑 때문에 더욱 유명했다고 해요. 시계탑은 손목시계가 귀했던 그 시절, 누구에게나 시간을 알려 주는 역할을 했거든요. 주로 기차역이나 그 주변에 있던 시계

탑이 한성 전기 회사 건물에 설치되면서 사람들은 그곳을 더 쉽게 기억하게 되었지요.

한성 전기 회사가 제2, 3의 발전소를 잇달아 건립하면서 드디어 일부나마 일반인들에게도 전기가 공급되었어요.

한성 전기 회사는 전등과 전화 이외에도 전차 사업을 추진했어요. 전차는 전기로 가는 차를 말해요. 1899년, 동대문에서 첫 전차가 운행되던 날 어마어마한 사람들이 전차를 보기 위해 몰려들었어요. 당시 한성에서 운행된 전차는 일본보다 빨리 개통된 것으로, 동대문 너머 청량리에서 종로의 서대문까지 운행했답니다.

서울에 도착한 여행자들이 가장 놀라워하는 것은 전차가 완벽하게 관리되고 있으며, 그 전차들이 서울 근교의 성곽 밖에 이르기까지 주요 간선 도로를 통

▌동대문에서 있었던 전차 개통식 전차를 구경하기 위해 동대문 위와 전차 앞에 많은 사람들이 모여 있다.

과하고 있다는 점이다. 그 전차로 말미암아 서울은 그와 같은 근대적 교통 시설을 확보한 극동 최초의 도시라는 명예를 얻었다.

— 《꼬레아 꼬레아니》(로제티(이탈리아 조선 주재 공사관))

전차는 엄청난 인기를 누렸어요. 전차 타는 것을 즐겨 하면 가산을 탕진한다는 말이 나올 정도였지요. 소문을 듣고 지방에서 상경해 전차를 타는 사람도 있었다고 해요. 전차를 타는 사람들이 늘어날수록 전기를 많이 생산해야 했고, 자연스럽게 한성 전기 회사는 많은 수익을 냈지요.

전차가 운행된 지 10일이 채 지나지 않은 어느 날, 다섯 살밖에 안 된 어린아이가 전차에 깔려 목숨을 잃은 사건이 일어났어요. 이 일로 격분한 사람들은 전차에 불을 질렀지요. 이와 같이 전차가 주는 편리함의 이면에는 어두운 그림자도 존재했어요.

전차가 시내를 달리며 이동 시간을 줄여 주었다면, 기차는 도시와 도시를 연결해 주었어요. 민영환과 함께 수행원으로 러시아에 다녀온 김득련은 기차에 대한 느낌을 시로 남겼지요.

▌**불에 탄 전차** 어린아이가 전차에 깔려 숨지는 일이 벌어지자, 화가 난 민중들이 전차에 불을 질렀다.

바람과 번개같이 달리며 가파른 산 오르니
만 줄기 물 천 줄기 산을 눈 깜짝할 사이에 지나가네.

─《환구음초》(김득련)

일찌감치 철도의 편리함을 인식했던 박기종은 부산에 철도를 부설하려는 계획을 세웠어요. 자금 부족으로 어려움을 겪다가 1899년에 대한 철도 회사를 설립하고 경의선 철도를 건설하려 했지요. 하지만 일본이 조선인의 자립 철도를 끝까지 반대하는 바람에 이 계획은 무산되고 말았어요. 대신 일본이 같은 해에 경인선을 건설함으로써 대한 제국의 첫 철도가 탄생했지요. 당시 이 철도는 서울의 서대문 정거장과 제물포 사이를 왕복했답니다.

▌최초의 기관차 1899년 일제는 조선의 자립 철도를 막고 자신들이 직접 경인선을 건설했다.

사실 경인선 철도는 미국의 기업가인 모스가 추진하기 시작했어요. 하지만 비용을 감당하지 못한 모스는 100만 달러에 경인선 부설권을 일본에게 넘겼지요. 이후 일본은 경인선 철도를 부설해 제물포에서 노량진까지 개통한 후, 이듬해인 1900년에 한강 철교까지 완공해 제물포에서 서울까지 연결했어요.

제물포와 서울 사이를 달리던 경인선 기관차를 타려면 매우 비싼 돈을 지불해야 했어요. 객실은 1~3등급으로 나뉘어 있었는데 1등급 좌석은 외국인이나 귀족들만 이용할 수 있었어요. 그리고 초기에는 미국이, 중반 이후에는 일본이 부설했다는 이유로 첫 기관차에는 일장기와 성조기를 동시에 걸었어요.

이후 일본은 철도를 침략 도구로 이용했어요. 철도뿐 아니라, 전화나 전신 등도 일본이 침략을 가속화하는 데 한몫했지요.

일본인들은 철도 건설을 빌미로 철로가 설치된 토지의 대부분을 수탈했어요. 그리고 철도를 통해 얻은 수익은 모두 일본으로 가져갔지요. 막대한 공사 재료를 약탈한 것은 물론, 엄청난 수의 우리 백성들을 철도 공사에 강제로 동원했어요. 하루에 열두 시간이 넘게 공사 일을 시키며 임금도 거의 주지 않았어요. 철도로 인해 생활이 편리해진 반면, 침략의 속도는 빨라졌고 백성들의 삶은 어려워졌으며 대한 제국의 경제는 계속 침체되었지요. 민중들은 철도 건설에 숨겨진 침략성에 치를 떨었어요.

애국지사들은 곳곳에서 철도와 전신에 저항하기 시작했어요. 부설된 철도를 파괴하고, 철도 공사와 열차 운행을 방해하기도 했지요. 이에 일본은 철도나 전신선을 부수거나 공사와 운행을 방해하는 사람들에게 최고 사형의 형벌을 내렸어요. 그 후로 사형이나 감금, 고문을 당하는 애국지사들의 수가 점점 늘어났지요.

▌**철도 폭파 후 처형당하는 애국지사들** 애국지사들은 일제가 조선 침략을 가속화하는 도구로 철도 건설을 지속하자 이에 반대해 철도를 폭파시켰다.

개화기의
사회 변화

조선 후기로 접어들면서 돈으로 신분이나 관직을 사는 사례가 늘어났어요. 양반도 경제적으로 곤궁해지면 먹고살기 위해 일을 해야만 했지요. 농업 생산량이 늘고, 상업이 발달하면서 신분은 미천하지만 경제적으로 풍족한 사람들이 나타나기 시작했어요. 또한 신분은 중인이었지만, 의식이 깨인 지식인들도 등장했지요.

조선이 개항할 무렵에는 자신보다 신분이 낮은 중인에게 배움을 청하는 양반들이 나타났어요. 이들은 훗날 갑신정변을 일으켜 이전까지와는 다른 세상을 만들고자 했지요.

우리나라는 양반 제도를 없애지 않으면 안 됩니다. …… 지금 세계는 상업을 주로 해 서로 산업의 크고 많음을 자랑하고 경쟁하고 있는 때이거늘, 아직도 양반을 제거하여 폐단의 뿌리를 뽑지 않는다면 기어코 앉아서 국가의 패망을 기다리는 꼴이 될 뿐입니다. 전하께서는 이를 철저히 반성하시어 하루 빨리 무식 무능하고 수구 완고한 대신배들을 축출하시고, 문벌을 폐하고 인재를 골라 중앙 집권의 기초를 확립해 백성들의 신용을 얻으시고 널리 학교를 설립해 인민의 지식을 깨우치게 하소서.

— 《김옥균전집》(김옥균)

이들은 '능력에 따른 인재 등용'과 '만인 평등'이라는 당시로서는 상당히 급진적인 생각들을 품고 있었어요. 조선의 신분 질서가 조금씩 무너져 가고 있었던 거예요. 이들은 부강한 나라를 만들기 위해서는 하루빨리 양반 중심의 신분 질서를 무너뜨려야 한다고 생각했지요. 그리고 정확히 10년 후인 갑오년, 이번에는 조선의 최하층민들이 들고일어났어요. 때리면 맞고, 빼앗으면 빼앗기던 농민들이 자신들의 처지가 부당함을 깨닫고, 부정부패한 관리들과 양반들에게 저항하기 시작한 거예요. 동학이라는 종교가 이들을 조직적으로 묶어 주면서 이들은 호남 전역을 장악하고 자신들의 힘을 보여 주었지요. 신분 차별을 없애고 양반 중심의 사회 질서를 타파하려 했던 이들의 노력은 일본의 간섭이 없었더라면 더 많은 일들을 실천할 수 있었을 거예요. 하지만 이들의 염원이 좌절되었다고 해서 그것으로 끝은 아니었어요. 이들의 의견은 갑오개혁에 하나둘씩 반영되었거든요.

한편 독립 협회에서는 민중들의 권리를 적극적으로 다루기 시작했어요. 국왕도 개인의 자유를 마음대로 통제할 수 없다고 주장했지요. 당시 미국의 시민권자였던 서재필은 고종 앞에서 신하의 예의를 갖추지 않았다고 해요. 미국인인 자신이 조선의 국왕에게 고개 숙일 필요는 없다고 생각한 것이지요. 일부 사람들은 서재필의 행동을 비난했지만 강한 인상을 남긴 것은 확실했답니다.

그동안의 신분 질서에 익숙했던 조선 사람들은 국민의 권리, 즉 민권이라는 단어 자체가 무척 생소했어요. 대다수의 사람들은 그동안 왜 자신들의 권리가 무시되는지 또 왜 권리를 가져야 하는지에 대해 의문을 품지 않았어요. 이러한 관행에 제동을 건 것이 바로 독립 협회였지요.

독립 협회에서는 개인의 신체에 대한 자유를 법으로 보장할 것을 요구했어요. 또한 개인의 재산권은 누구도 침해할 수 없는 권리라고 주장했지요. 그뿐 아니라 임금도 법을 따라야 한다고 외치며 임금의 권한이 헌법에 따라 제한되는 입헌 군주제를 추진하고자 했어요.

독립 협회는 〈독립신문〉과 각종 토론회를 통해 민권 사상을 알리고 모든 인민들이 남녀의 차별 없이 교육을 받아야 한다고 했어요. 이후 민중들은 독립 협회가 개최한 만민 공동회와 관민 공동회에 참여하면서 더욱 민권 의식이 성장했어요.

독립 협회에서 주관한 토론회의 주요 내용

독립 협회의 토론회 주제	날짜
조선의 급선무는 인민의 교육임.	1897. 8. 29.
부녀를 교육하는 것이 의리상, 도리상 마땅함.	1897. 9. 26.
국문을 한문보다 더 쓰는 것이 인민교육을 성하게 하는 것임.	1897. 10. 17.
인민의 견문을 넓히려면 국내의 신문 반포를 제일로 해야 함.	1897. 12. 19.
나라를 영원히 태평케 하기 위해서는 관민 간에 일심 애국하는 것이 제일 견고함.	1898. 1. 2.
수구파 탐관오리를 비판함.	1898. 2. 6.
백성의 권리가 튼튼할수록 임금의 지위가 더욱 높아지고 나라가 떨침.	1898. 5. 8.

나는 대한의 가장 천한 사람이고 배운 것도 없습니다. 그러나 충군애국의 뜻은 대강 알고 있습니다. 이에 나라를 이롭게 하고 국민을 편안하게 하려면 관민이 합심해야 한다고 생각합니다. 저 차일(천막)에 비유하건대 한 개의 장대로 받치면 역부족이나, 많은 장대를 합하면 그 힘이 더욱 강해집니다.

— 〈독립신문〉(1898. 10.)

이 글은 조선에서 천민 취급을 받던 백정, 박성춘의 연설 내용이에요. 당시 조선에서 천민이 앞에 나와 연설하는 것은 상상도 할 수 없던 사회였어요. 하지만 만민 공동회에서는 가능한 일이었지요. 이전과는 다른 경험을 한 민중들은 이후 국가의 일을 자신의 일이라고 여기면서, 국가가 나아가야 할 방향을 제시했어요. 민중들 스스로 근대 국민 국가를 형성하고 있었던 거예요.

19세기 내내 조선 사람들은 신분 질서의 벽을 무너뜨리기 위해 노력했어요. 다른 세상을 꿈꾸었던 급진 개화파를 통해, 호남평야를 달리던 동학 농민군을 통해 그리고 독립 협회를 이끌고 참여했던 수많은 사람들을 통해 세상은 조금씩 달라지고 있었지요. 하지만 오랫동안 우리 사회를 지배해 온 신분의 차별은 하루아침에 사라지지 않았어요.

"도련님 받으십쇼."
"쌍놈이 던진 것을 양반이 어떻게 받아."

위의 대화는 영화 'YMCA 야구단'에 나오는 대사 중 일부예요. 야구 경기 중 수비를 하던 3루수가 공을 잡아 1루로 던졌는데, 1루수가 그 공을 받지 않아요. 알고 보니 3루수의 신분이 낮다는 이유로, 양반인 1루수가 공을 받지 않은 거예요. 갑오개혁으로 공식적인 신분 차별은 사라졌지만, 백성들 사이에서는 여전히 신분을 따지고 있음을 알 수 있지요. 그렇지만 평등한 사회를 향한 노력은 멈추지 않았답니다.

1898년, 〈황성신문〉과 〈독립신문〉 등의 여러 신문에 여권통문이라는 글이 실렸어요. 이 글은 엄청난 후폭풍을 불러일으켰지요. 당시 세계는 여성들이 존중받지 못하던 때였어요. 그런데 남성 중심의 조선 사회에서 여성의 권리 주장과 경제적 자립 그리고 사회 진출이라니, 놀라움 그 자체였지요.

세상은 변하고 있었지만 여성들의 위치는 늘 제자리였어요. 하지만 외국인 선교사들은 여성들의 교육에 중점을 두었답니다. 당시 조선 여성들 대부분은 교육의 기회를 누리지 못했어요. 여성들이 교육을 받는 것은 관습에 어긋나는 일이라고 생각했기 때문이에요. 이에 개신교 선교사들은 여성도 남성과 똑같이 교육을 받아야 한다고 조선 사람들을 설득했어요. 시작은 아주 미미하고 쉽지 않았지만, 오늘날 남녀가 평등하게 교육을 받고 있는 모습을 보면 선교사들의 노력이 옳았음을 알 수 있지요.

> 첫째, 여성은 장애인이 아닌, 남성과 평등한 권리를 갖는 온전한 인간이어야 한다. 여성은 먼저 의식의 장애로부터 해방되어야 한다.
>
> 둘째, 여성도 남성이 벌어다 주는 것에만 의지하여 사는 경제적으로 무능력한 장애에서 벗어나 경제적 능력을 가져야만 평등한 인간 권리를 누릴 수 있다.
>
> 셋째, 여성 의식을 깨우치고 사회 진출 능력을 갖기 위해서는 무엇보다 여성들이 남성과 동등한 교육을 받아야 한다.
>
> ─〈황성신문〉, '여권통문'

이후 세상은 점차 달라졌고, 사람들은 달라지는 세상에 관심을 보이기 시작했어요. 이러한 사회 참여 의식은 훗날 일본에 의해 나라가 기울어져 갈 때 빛을 발했지요. 어떤 사람은 의병이 되어 나라를 구하고자 했고, 또 어떤 사람은 자신이 가진 학식으로 사람들을 계몽시키고자 했어요. 이처럼 민권 의식의 성장은 개개인의 권리에 관한 문제만은 아니었어요. 한 사람, 한 사람의 국민이 자신

들의 권리를 쟁취하고 국
가를 위해 의무를 다하
는 과정을 통해 근대 국
민 국가의 형태가 만들어
지고 있었지요.

▎**이화 학당** 이화 학당의 수업 모습. 딸을 학교에 보내는 것을 매우 꺼려했던 양반들 때문에 개교 초기에는 학생이 적었다.

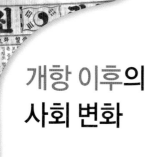

개항 이후의
사회 변화

　개항 이후, 통리기무아문에서는 박문국을 설립하고 1883년에 최초의 신문인 〈한성순보〉를 발행했어요. 그러니까 〈한성순보〉는 관에서 발행한 '관보'였지요. 이름에서 '순(旬)'은 열흘을 의미하는 한자로, 〈한성순보〉는 열흘에 한 번씩 발행되는 신문이었어요. 주로 국외의 소식을 다뤘던 이 신문은 순 한문으로 작성되었는데 이로 미루어 보아 관리들이나 양반들, 지식인들이 주요 독자였음을 알 수 있지요.

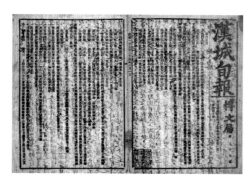

▌〈한성순보〉 한문으로 쓰인 우리나라 최초의 신문으로 열흘마다 발행했다.

▌〈한성주보〉 한글과 한문을 섞어 기사를 썼으며 일주일마다 발행했다.

이후 갑신정변으로 박문국 건물이 파괴되면서 〈한성순보〉는 발행을 중단할 수밖에 없었어요. 1886년 1월, 이번에는 김윤식이 〈한성순보〉의 맥을 이어 〈한성주보〉를 만들었어요. 신문이 발행되는 간격만 열흘에서 일주일로 바뀌었을 뿐, 모든 것이 〈한성순보〉와 비슷했지요. 〈한성순보〉가 순 한문 신문인데 반해, 〈한성주보〉는 가끔 한글 기사도 있어 일반 백성들에게 조금이나마 정보를 제공했다는 점에서 차이가 있어요.

다음으로 창간된 신문은 〈독립신문〉이에요. 〈독립신문〉은 서재필이 정부에서 돈을 지원받아 창간한 신문으로, 최초의 민간 신문이지요. 1896년 4월 7일에 개간된 〈독립신문〉은 4면짜리 신문이었어요. 세 면은 한글로, 나머지 한 면은 영문으로 작성되었는데, 이는 일반 백성들에게 소식을 알리는 것은 물론, 한성에 와 있던 외국인들에게 조선의 소식을 제대로 알리기 위해서였지요. 〈독립신문〉의 영문판 이름은 〈THE INDEPENDENT〉였어요.

> 정부에서 하시는 일을 백성에게 전할 터이요, 백성의 정세를 정부에 전할 터이니, 만일 백성이 정부의 일을 자세히 알고, 정부에서 백성의 일을 자세히 아시면 피차에 유익한 일만 있을 것이요, 불평한 마음과 의심하는 생각이 없어질 터이옴. …… 우리는 바른대로만 신문을 할 터인 고로, 정부 관원이라도 잘못하는 이 있으면 우리가 말할 터이요, 탐관오리들을 알면 세상에 그 사람의 행적을 펼 터이요, 개인 백성이라도 무법한 일을 하는 사람은 우리가 찾아 신문에 설명할 터이옴.
>
> − 〈독립신문〉 창간사 중

서재필이 창간사를 쓰고 유길준, 윤치호, 이상재, 주시경 등 우리나라 근대사

〈독립신문〉의 한글판과 영문판

에 굵직한 이름을 남겼던 사람들이 집필진으로 참여했어요. 이름난 한글 학자인 주시경이 한글 교정을 맡았다고 하니, 신문에 문법적 오류는 거의 없었겠지요. 〈독립신문〉은 처음으로 한글 띄어쓰기를 시작한 활자 매체예요. 이전까지는 한글도 한문과 동일하게 띄어쓰기를 하지 않았거든요.

1897년부터는 〈THE INDEPENDENT〉를 따로 떼어 발행하기 시작했어요. 국내의 사정을 외국에 더 자세히 알리기 위해서였지요. 이후 서재필이 정부의 추방 조치를 당하면서 윤치호가 사장이 되었고, 주 3회 발행에서 매일 발행되는 신문으로 바뀌었어요.

〈황성신문〉은 1898년에 남궁억 등이 창간한 신문으로, 국·한문 혼용체로 작성되었어요. 이로 보아 이 신문의 주요 독자는 유림층과 지식인들이었지요. 외국의 유명 신문사였던 로이터 통신과 기사를 제휴해 외국 소식을 국내에 전하고 박은식, 신채호 등이 *주필로 참여한 것으로 유명했던 이 신문은 1905년, 을사늑약의 체결에 반대하는 논설인 '시일야방성대곡'을 실어 발행이 중지되었어요.

아, 분하도다! 우리 2천만, 타국인의 노예가 된 동포여! 살았는가! 죽었는가!

주필 신문사나 잡지사에서 행정이나 편집을 책임지는 사람. 또는 그런 직위

단군 기자 이래 4천 년 국민정신이 하룻밤 사이에 졸연히 멸망하고 말 것인가! 원통하고 원통하다! 동포여! 동포여!

– 〈황성신문〉, '시일야방성대곡'

1904년, 배일 단체인 보안회가 일본의 황무지 개척권 반대 운동을 벌이자 〈황성신문〉은 이를 기사화해 일본의 침략 요구를 저지하는 데 큰 힘을 보탰어요. 이때 황무지 개척권 반대 운동에 동참했던 신문이 하나 더 있는데, 바로 〈제국신문〉이에요. 〈제국신문〉은 어감상 상당히 권위적인 느낌이 들지만, 실상은 그렇지 않았답니다.

〈제국신문〉은 〈황성신문〉과 마찬가지로 1898년에 창간해 1910년에 폐간되었어

▌〈황성신문〉에 실린 '시일야방성대곡' '이 날에 목 놓아 울다.'라는 의미이다.

▌〈제국신문〉 순 한글 신문으로 한글의 대중화에 기여했다.

요. 〈제국신문〉은 순 한글 신문으로, 한글 신문 시대를 연 신문이기도 해요. 요즘에야 모두 다 순 한글 신문이지만, 1980년대까지만 해도 순 한글 신문은 보기 드물었어요. 순 한글로 쓰인 만큼 일반 국민들과 부녀자들이 주요 독자였던 〈제국신문〉은 한글의 보급과 대중화에 큰 업적을 남겼답니다.

애국적 색채가 짙어 일본의 탄압을 받아 여러 차례 일시적으로 발행이 중단되기도 했던 〈제국신문〉의 초기 주필은 후에 대한민국의 초대 대통령이 된 이승만이었어요. 이승만은 젊은 시절, 독립 협회를 거쳐 각종 언론 활동에 참여해 국민 계몽에 앞장섰지요.

다음으로 알아볼 신문은 〈만세보〉예요. 〈만세보〉는 천도교의 기관지로, 오세창과 권동진이 1906년에 창간했어요. 여성 교육과 여권 신장에 큰 관심을 보였고, 일진회 등의 반민족 행위를 맹렬하게 비판했던 〈만세보〉는 특정 종교의 기관지인 만큼 그 종교의 입장을 대변하기도 했지요. 주필로 활약했던 이인직은 〈만세보〉에 자신의 신소설인 《혈의 누》를 게재했어요. 이후 〈만세보〉는 경영난에 빠지면서 1907년에 친일의 길을 걷던 이인직에게 인수되었고 〈대한신문〉으로 간판을 바꿔 달았어요. 그러면서 신문의 내용도 친일적인 성향을 띠게 되었지요.

〈만세보〉처럼 친일 언론 매체의 길을 간 신문도 있었지만, 적극적으로 일본에 저항한 신문도 있었어요. 이 신문의 이름은 〈대한매일신보〉로, 특이하게도 영국인이 운영했답니다. 〈런던 데일리 뉴스〉의 특파원이었던 어니스트 베델은 러·일 전쟁을 취재하기 위해 1904년에 대한 제국에 왔어요. 베델은 일본에 불리한 기사를 본국으로 보냈다가 해고를 당했어요. 이는 베델이 근무하던 신문사의 방침과 맞지 않는 기사를 썼기 때문이었지요. 그러자 베델은 자신의 양심과 다르게 기사를 쓸 수는 없다며 회사의 처분을 그대로 받아들이고 신문사와 결별했답니다.

이후 베델은 양기탁, 박은식, 신채호 등의 민족 지도자들과 교류하며 〈대한매일신보〉와 〈The Korea Daily News〉를 창간했어요. 당시 일본은 영국과 동맹 관계에 있었기 때문에 영국인이었던 베델을 함부로 할 수 없었어요. 베델 덕분에 〈대한매일신보〉는 연일 반일 논설과 기사를 실을 수 있었고 국민들의 사랑을 받았지요. 양기탁이 신문의 주필을 맡고, 박은식, 신채호 등이 논설을 담당했던 이 신문은 국한문판, 한글판, 영문판 등 세 종류의 신문을 발행했으며 1만 부가 넘는 판매 부수를 자랑했어요. 대한 제국 말기, 가장 큰 영향력을 가진 신문이기도 했지요. 초대 조선 통감이었던 이토 히로부미마저 자신의 백 마디 말보다 〈대한매일신보〉의 한 줄 기사가 대한 제국 백성들에게 더 큰 영향력을 미친다고 고백할 정도였어요.

> 신문으로는 기타 여러 가지 신문이 있었으나, 제일 환영을 받기는 영국인 베델이 경영하는 〈대한매일신보〉였다. 당시 정부의 잘못과 시국 변동을 여지없이 폭로하였다. 관 쓴 노인도 사랑방에 앉아서 신문을 보면서 혀를 툭툭 차고, 각 학교 학생들은 주먹을 치며 통론하였다.
>
> ─《별건곤》(유광열)

〈대한매일신보〉는 1904년 이후 벌어진 거의 모든 항일 사건을 기사로 다루었어요. 다른 신문들이 일본의 보복이 두려워 전하지 못한 사건들을 당당히 신문에 실었지요. 을사늑약의 무효 선언 주장과 전명운·장인환 의사의 스티븐스 처단 사건, 국채 보상 운동 그리고 헤이그 특사 파견까지 애국지사들이 가는 곳에는 항상 〈대한매일신보〉가 함께했어요.

일본이 대한 제국을 거의 집어삼키기 직전까지도 〈대한매일신보〉는 강한 저항 정신을 보여 주었어요. '개와 일본인은 출입금지'라는 말을 신문사 입구에 내걸었다고 하니, 일본인들에게는 〈대한매일신보〉가 눈엣가시와도 같은 존재였겠지요.

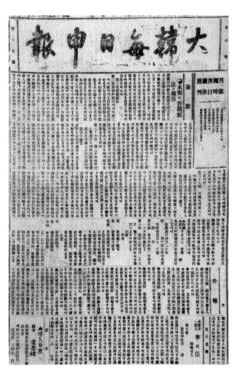

실제로 일본은 베델을 쫓아내기 위해 안간힘을 썼다고 해요. 1908년에는 베델의 강제 추방에 성공하기도 했지만, 베델은 보란듯이 다시 대한 제국으로 돌아왔답니다. 이후 베델은 일본으로부터 몇 번 더 재판에 불려 갔지만, 오히려 대한 제국의 입장을 대변하는 언론 활동에 더욱 힘썼어요.

▌〈대한매일신보〉 1904년 이후 벌어진 거의 모든 항일 사건을 기사로 다루어 일제에게 눈엣가시 같은 존재였다.

대한 제국의 멸망이 얼마 남지 않았던 1909년 어느 날, 베델은 조국에서 너무도 먼 대한 제국 땅에서 심장병으로 병사하고 말았어요. 당시 그의 나이는 서른일곱이었지요. 베델은 죽음의 순간에도 "나는 죽지만, 〈대한매일신보〉는 살아서 대한 제국 동포를 구하시오."라는 말을 남겼다고 해요. 이처럼

▌**어니스트 베델** 〈대한매일신보〉를 만든 영국인으로 올바른 저널리즘으로 진실을 보도하는 데 앞장섰다.

▌**양화진 외국인 선교사 묘원** 베델이 묻힌 곳으로, 베델은 선교사가 아니었지만 예외적으로 이곳에 안치되었다.

뜨겁게 우리나라를 사랑했던 그는 현재 양화진에 있는 외국인 선교사 묘원에 묻혀 있어요. 베델은 이 묘원에 묻힌 사람들 중 선교사가 아닌 유일한 외국인이지요. 우리나라에 대한 베델의 사랑에 보답하기 위해 대한민국 정부는 1968년에 그에게 대한민국 건국 훈장을 추서했어요. 그리고 서울신문사 사옥 1층에 베델의 동상을 세워 그를 기리고 있답니다.

문화와 종교에
부는 새바람

　　일본의 침략으로 나라에 위기가 닥치자 우리의 역사와 말에 대한 관심이 높아졌어요.

　　'역사를 잊은 민족에게 내일은 없다.'는 말로 유명한 단재 신채호는 〈황성신문〉과 〈대한매일신보〉에 글을 기고하던 언론인이자 사학자예요. 신채호는 29세이던 1908년에 《독사신론》이라는 역사책을 저술했는데, 이 책에서 그는 민족주의 사학의 방향을 제시하고 친일 사관을 비판했어요. 이후 《을지문덕전》, 《이순신전》을 집필해 민족정신을 드높이고자 했지요.

　　박은식 역시 〈황성신문〉과 〈대한매일신보〉에서 주필로 활약하

▌신채호(1880~1936)

▌박은식(1859~1925)

던 언론인이에요. 박은식은 조선과 대한 제국이 멸망해 가는 시기의 역사를 《한국통사》에 담았어요. 여기서 '통(痛)'은 아프다는 뜻으로, 《한국통사》는 '한국의 아픈 역사'를 의미해요. 박은식은 자신의 이름 대신 '나라가 망해 미친 노예'라는 뜻의 '태백광노'라는 가명으로 책을 발행했어요. 나라가 망한 상황에서 맨 정신으로 살기 불가능하다는 것을 우회적으로 표현한 것이었지요.

> 옛 사람이 이르기를 나라는 멸할 수 있으나 역사는 멸할 수 없다고 했으니, 그것은 나라는 형(形)이고 역사는 신(神)이기 때문이다. 이제 한국의 형체는 허물어졌으나 정신만이 독존할 수는 없는 것인가. 이것이 통사를 저작하는 이유이다. 신이 보존되어 멸하지 아니하면 형은 부활할 시기가 있을 것이다.
>
> ─《한국통사》(박은식)

주시경은 우리말과 글을 연구한 학자로, 《국어문법》, 《말의 소리》 등의 책을 저술하며 국어의 문법 체계를 연구했어요. 대한 제국 정부가 국문 연구소를 세워 우리말의 체계를 잡으려 했을 때 주시경도 여기에 참여해 활약했지요.

주시경의 가장 큰 업적은 훈민정음에 한글이라는 이름을 만든 일이에요. 이전까지 세종대왕이 창제한 훈민정음은 언문 혹은 가갸글, 암글 등으로 비하되어 불렸어요. 하지만 우리의 훈민정음이 큰 글이라고 생각한 주시경은 크다는 의미를 지닌 '한'이라는 말을 이용해 '한글'이라는 이름을 만들었답니다.

이 시기에는 서양의 다양한 책들이 번역되었어요. 《이태리건국삼걸전》, 《베트남 망국사》, 《비율빈전사》 등

▌ 주시경(1876~1914)

의 책들이 번역되어 국내 지식인들 사이에서 읽히기 시작했지요. 《이태리건국삼
걸전》은 이탈리아의 건국에 중요한 역할을 한 세 명의 영웅에 관한 이야기이고,
《베트남 망국사》와 《비율빈전사》는 각각 베트남이 망해 가는 과정과 필리핀의
독립 전쟁에 관한 내용이지요. 당시 대한 제국의 지식인들은 다른 나라의 건국
과 멸망 그리고 독립 전쟁에 관한 책들을 번역해 읽으며 어떻게 하면 나라가 서
고, 번영하며 또 어떻게 하면 망하는가를 탐구했어요. 그 밖에도 《걸리버 여행
기》, 《이솝 우화》, 《로빈슨 표류기》 등이 번역되었고 천주교와 개신교 인구의 증
가로 스테디셀러가 된 《성경》도 한글본으로 출간되어 널리 읽혔답니다.

개항 이후, 서양의 침략과 함께 그들의 문화가 유입되었어요. 예술과 종교, 체
육 등 다양한 영역에서 영향력을 행사했지요. 문학 분야에서는 서양 문학의 영
향으로 신소설과 신체시 같은 새로운 형식의 문학이 탄생했어요. 신소설은 말
그대로 새로운 소설로, 기존의 소설과는 달리 '언문일치'의 문장을 사용했답니
다. 언문일치는 실제로 쓰는 말과 그 말을 적은 글이 일치하는 것을 말해요.
　당시 대부분의 신소설은 과거의 관습을 비판하거나, 자주 독립을 고취하는
내용을 담고 있었어요. 아니면 사회를 풍자하거나 비판했지요. 안국선은 《금수
회의록》을 통해 망해 가는 대한 제국에서 자신의 안위만 살피던 이들을 비판했
어요.

임금을 속이고 나라를 해치며 백성을 위협하여 재물을 도둑질하고 벼슬을 도
둑하며 개화하였다 자칭하고, 양복 입고, 시계 차고, 인력거나 자행거 타고,
제가 외국 사람인 체하여 제 나라 동포를 압제하며, 혹은 외국 사람 상종함을
영광으로 알고 아첨하며, 제 나라 일을 변변히 알지도 못하는 것을 가르쳐 주

며, 여간 월급냥이나 벼슬 낱이나 얻어 하느라고 남의 나라 정탐꾼이 되어 애매한 사람 모함하기, 어리석은 사람 위협하기로 능사를 삼으니, 이런 사람들은 안다 하는 것이 도리어 큰 병통이 아니오?

—《금수회의록》(안국선)

안타깝게도 비판받던 친일 인사들 중에는 최초의 신소설을 쓴 이인직과 최초의 신체시를 쓴 최남선이 포함되어 있었답니다.

'해에게서 소년에게'는 최남선이 쓴 최초의 신체시예요. 신체시 역시 이전의 문학 형식과는 다른 것으로, 서양의 영향을 받아 탄생했어요. 과거의 창가와 현대시 사이의 중간적인 형태로, 근대시의 초기 형태였지요.

서양의 문화의 바람은 음악, 연극, 미술, 체육 등의 분야에도 불어 왔어요. 서양의 음악이 전파되면서 서양 곡에 우리말 가사를 붙여 부르는 창가가 유행했지요. 대표적인 창가로는 〈대한 제국 애국가〉를 꼽을 수 있는데, 이는

▌〈제국신문〉에 실린 자행거(자전거)와 시계 판매 광고 《금수회의록》에 기록된 서양 물건들은 당시 조선 사회에서 고가에 팔리던 물건들이었다.

▌독일인 에케르트에게 의뢰해 만든 대한 제국 애국가의 표지와 스코틀랜드의 민요 '올드 랭 사인' 선율에 실은 애국가 악보

서양 곡의 선율에 지금의 애국가 가사를 붙여서 부른 노래였어요. 창가는 〈애국가〉, 〈독립가〉, 〈권학가〉 등과 같이 민족의식을 고취하거나 새로운 문화를 장려하는 내용이 많았어요.

서양식 극장인 원각사에서는 점차 신소설을 각색한 연극이 공연되었어요. 서양의 화풍과 서양의 체육 활동이 들어오기 시작한 것도 바로 이때였지요. 지금과 같이 운동 경기의 기능보다는 체력을 기르거나 부국강병에 기여하는 활동으로 여겨지던 체육은 정부 차원에서 적극 장려되었어요. 많은 사람들이 좋아하는 야구나 축구 같은 운동 경기도 이때 우리나라에 들어왔지요. 야구는 1906년에 첫 경기가 열렸는데 황성 YMCA 야구단과 덕어학교 간의 경기였어요. 미국인 선교사였던 필립 질레트는 사람들을 모아 야구를 가르치고 우리나라의 첫 야구팀인 황성 YMCA 야구단을 만들었어요. 이 야구단에 관한 이야기는 영화로 제작되기도 했답니다. 이처럼 대부분의 서양 운동 경기는 기독교 선교사에 의해 전해졌어요.

▌**황성 YMCA 야구단** 미국인 선교사 필립 질레트가 만든 우리나라 최초의 야구팀이다.

새로운 문화의 형성과 함께 종교계도 변하기 시작했어요. 조선 후기부터 퍼지기 시작한 천주교는 조선 말에 포교의 자유가 허용되면서 우리 사회에 정착했지요. 천주교는 주로 고아원이나 양로원을 운영하며 소외된 계층을 돌보는 사회 활동에 주력했어요. 1885년에 처음 전래된 개신교는 교육과 의술을 앞세워 포교 활동을 벌였지요. 개신교는 근대 교육을 위한 학교 설립에 매진하면서 다양한 서양 문화 전파에도 앞장섰어요. 천주교와 함께 조선 후기 백성들에게 인기를 끌었던 종교로는 동학이 있어요. 동학은 후에 손병희가 천도교로 이름을 바꾸었지요.

나인영(나철)은 오기호 등과 함께 단군 신앙을 바탕으로 단군교를 창시했어요. 1년 뒤 대종교로 이름을 바꾼 단군교는 대한 제국이 멸망한 이후 무장 독립 운동의 가장 큰 세력을 형성하기도 했지요. 조선 사회에서 큰 영향력을 행사하던 유교와 불교에도 혁신의 바람이 불었어요. 박은식과 한용운은 각각 《유교 구신론》과 《조선 불교 유신론》을 지어 종교 개혁을 주장했지요.

서양 문화는 사람들의 의식주도 변화시켰어요. 한복과 갓이 양복과 모자로 점차 대체되었지요. 미국에 보빙사로 다녀왔던 서광범이 양복을 처음으로 입은 이래, 개화사상을 가진 이들 중에는 서양식으로 단발을 하고 양복을 차려 입은 사람도 있었어요. 하지만 서양식 복장이 우리 사회에 정착되기까지는 오랜 시간이 걸렸어요. 대부분의 양복이 검정색이었기 때문이에요. 당시 조선 사회는 검정색을 금기시하는 경향이 있었거든요. 더구나 양복과 어울리는 모자를 쓰기 위해서는 상투를 자르고 단발을 해야 했기 때문에 서양식 복장이 쉽게 보편화되지는 않았지요.

양복 이외에도 양식, 양초, 양은, 양옥, 양산 등 앞에 '양(洋)' 자가 붙은 문물

서광범과 김옥균 양복을 입은 서광범과 한복을 입은 김옥균은 서양 문화가 들어와 정착되는 과도기의 모습을 잘 보여 준다.

들이 쏟아져 들어왔어요. 대한 제국 말기에는 서양식 요리인 양식과 중국 요리인 청요리 그리고 일본 요리까지 국내로 들어왔지요.

당시 우리나라에 전해진 음식 중에는 현대인들의 기호 식품 중 하나인 커피도 포함되어 있었어요. 커피는 맨 처음 양탕국이라고 불렀어요. 이름을 그대로 풀이하면 서양식 탕국이었지요. 서양인들이 우리나라에 거주하면서 커피 문화도 정착되기 시작했어요. 최초의 호텔로 알려진 인천의 대불호텔이나 서울 정동의 손탁호텔 등에서 서양식 음식과 함께 커피를 즐길 수 있었지요. 커피 애호가였던 고종은 경운궁 안에 정관헌이라는 로마네스크 양식의 건물을 지어 커피와 함께 다과를 즐겼다고 해요.

이렇듯 서양 문화가 들어와 우리나라에 정착되는 동안 어떤 사람들은 서양 문물을 빨리 받아들여 서양인들과 같아지고 싶어 했던 반면, 또 다른 사람들은 각기 다른 이유로 서양의 문물을 받아들이는 데에 소극적이었어요. 그것은 각자가 세상을 바라보는 시선과 생각이 다르고 처한 환경에 차이가 있었기 때문이지요.

조선에 사진사가 처음으로 들어와 사진을 찍을 때 대부분의 사람들은 극도로 경계했어요. 사진에 찍히면 영혼을 빼앗긴다고 믿었기 때문이에요. 하지만 단발

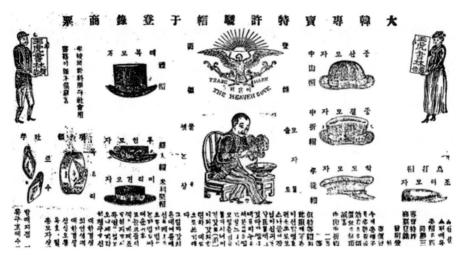

모자 광고 〈대한매일신보〉에 실린 모자 광고. 단발령의 강제 집행으로 갓을 쓰는 대신 수요가 늘어난 모자의 종류를 소개하고 있다.

령으로 머리카락을 잘라야 하자 사람들은 사진관으로 몰려가기 시작했어요. 자신의 긴 머리카락을 사진으로라도 남겨 두고 싶어 했던 마음이 서양 문물의 수용으로 이어진 거예요. 그렇게 천천히 또 빠르게 서양 문물은 자연스레 우리 민족의 삶에 스며들었답니다.

자신의 삶을
스스로 개척한 조선 여성들

최초의 여성 의사 박에스더

박에스더(1879~1910)

박에스더의 본명은 김점동으로, 강화도 조약이 체결된 1876년에 태어났어요. 김점동은 1891년에 세례를 받은 뒤 세례명으로 이름을 바꾸었다가, 2년 뒤 박유산과 결혼하면서 서양식으로 남편의 성을 따라 박에스더로 개명했지요.

박에스더는 *보구여관에서 통역과 간호 보조 일을 하던 중, 그곳에서 활동하던 의료선교사 로제타 홀의 도움으로 미국으로 건너가 고등학교를 마쳤어요. 그리고 볼티모어 여자의과대학에 진학해 한국인 최초의 여성 의사가 되었지요. 귀국한 후 박에스더는 보구여관에서 진료를 시작했어요. 그리고 여성 교육, 장애인 교육, 간호 인력 양성 등에 큰 기여를 했지요.

당시의 여성들은 상당한 차별을 받는 것은 물론, 아파도 의사한테 갈 수가 없

보구여관 1887년에 설립된 한국 최초의 여성 병원

었어요. 남성 의사에게 몸을 맡길 수 없었기 때문이지요. 아픈 여성들이 유일하게 기댈 수 있는 것은 박에스더뿐이었어요. 그녀의 헌신으로 여성들은 질병의 고통에서 벗어날 수 있었을 뿐 아니라 교육의 혜택도 누릴 수 있었지요.

최초의 여성 의병장 윤희순

윤희순은 여성이 차별받던 조선 사회에서 나라를 구하기 위해 의병장이 된 여성이에요. 윤희순은 을미의병 때부터 시아버지를 따라 의병들에게 밥을 지어 주며 의병 활동에 참여했다고 해요. 당시에 여성들은 집안을 돌보는 사람이라는 인식이 강했어요. 그러나 윤희순은 '남녀가 다르지만, 나라를 구하는 일에는, 구별이 있을 수 없다.'라고 말하며 주변의 여성들을 깨우쳤지요.

윤희순(1860~1935)

정미의병 때 윤희순은 지역 주민들에게 모금 활동을 벌여 의병을 돕는 한편, 무기와 탄약을 제조하는 시설을 만들었어요. 30여 명의 여성들을 모아 의병을 조직하기도 했지요.

1910년에 나라가 망하자 윤희순은 식구들을 데리고 중국으로 망명해 교육 활동에 뛰어들었어요. 이후 독립운동가인 시아버지와 아들을 먼저 저세상으로 보내고도 계속 독립운동을 벌이다가 결국 순국했지요. 윤희순의 활약은 여성도 사회적 제약에서 벗어나 주체적으로 살 수 있다는 것을 보여 주었어요. 일평생 고된 삶이었겠지만, 윤희순이 보여 준 정신은 많은 이들에게 귀감이 되었답니다.

4장

일제의 국권 침탈과 국권 수호 운동

청나라가 물러난 후, 조선을 놓고 치열하게 경쟁을 벌이던 러시아와 일본은 러·일 전쟁을 통해 격돌했어요. 이 전쟁에서 승리한 것은 미국과 영국의 도움을 받은 일본이었지요. 이때부터 일본은 을사늑약을 비롯한 수많은 조약을 대한 제국에 강요했고, 1910년 8월에 결국 조선은 일본에 병합되었어요. 일본의 침략 과정과 이에 맞선 대한 제국의 여러 가지 노력에 대해 알아보도록 해요.

영·일 동맹의 체결과
러·일 전쟁의 발발

　19세기 말, 청나라에서는 의화단 운동이 일어났어요. 이 운동은 외세와 기독교에 반대하는, 즉 반외세·반기독교 운동이었지요. 이 운동을 일으킨 이들은 '청을 돕고 서양을 멸한다.'라는 뜻의 '부청멸양'을 외치며 서양의 근대 문물인 철도와 전신, 교회 등을 공격했어요. 여기에 당시 청나라의 권력을 쥐고 있던 서태후도 의화단 운동을 일으킨 민중들을 도와 서양 열강과 대립했지요.

　청나라의 태도에 놀란 서양 열강은 연합 부대를 조직해 청나라에 파병했어요. 여기에는 영국, 미국, 독일, 프랑스, 러시아, 오스트리아, 이탈리아, 일본 등 모두 8개국이 참여했지요. 각각 남아프리카와 필리핀의 식민지 문제로 분주해 적극적으로 협조하지 못한 영국, 미국과 달리 러시아와 일본은 적극적으로 청나라의 문제에 개입했어요. 러시아는 대병력을 동원해 만주 지역 전체를 장악했고, 일본은 의화단 운동을 진압하는 데 큰 역할을 했지요.

　결국 1901년 말에 의화단 운동은 실패로 끝이 났고, 이후 청나라는 서양 열강과 일본에 의해 만신창이가 되었어요. 서양 열강은 청나라의 영토를 분할해 지배하는 한편, 황제가 거주하던 자금성도 약탈했어요. 이때 일본은 서양 열강과 어깨를 나란히 하며, 강대국으로 발돋움하려는 그들의 오랜 염원을 조금씩 이루고 있었지요.

이후 러시아가 계속 남진하며 만주를 점령하고 한반도에까지 영향력을 행사하려 하자, 러시아가 이익을 독점하는 것을 우려한 서양 열강이 러시아의 철수를 요구했어요. 하지만 러시아는 군대를 철수하기는커녕 오히려 일본에게 대한 제국을 중립국으로 하자는 제안을 했지요. 일본은 러시아의 제안에 응하지 않았어요. 일본과 러시아는 대한 제국을 놓고 협상을 벌였어요. 두 나라 모두 대한 제국을 포기할 생각이 없었지요.

제1차 영·일 동맹 영국과 일본의 두 여신이 함께하고 있다.

결국 일본은 선 세계 곳곳에서 러시아와 대립하고 있던 영국과 동맹을 맺음으로써 러시아에 맞서기로 했어요. 동아시아로 진출하려는 러시아를 견제하기 위해 마침 일본의 군사력이 필요했던 영국이 일본과 뜻을 같이하면서 1902년에 두 나라는 제1차 영·일 동맹을 체결했지요.

두 나라는 이 동맹을 통해 청나라와 대한 제국에 대한 상호 간의 특권을 인정하기로 하고 러시아의 만주 독점을 비판했어요. 게다가 일본은 러시아의 만주

독점을 꾸준히 비판해 왔던 미국의 지지까지 얻어 냈답니다. 영국과 미국이라는 든든한 지원군을 등에 업자 일본은 러시아와의 경쟁에서 한층 유리해졌어요. 외교적으로 곤란한 처지에 처한 러시아는 청나라에 만주를 반환하겠다는 약속을 하고, 아쉽지만 병력의 일부를 철수하기 시작했어요. 예전에는 러시아 등의 삼국 간섭으로 일본이 랴오둥 반도에서 물러났지만 이제는 러시아가 영·미·일 세 나라의 연대에 무릎을 꿇고 말았지요.

한편 만주 지역에 대한 영향력을 더욱 높여야 한다는 주장이 거세지면서 결국 러시아는 압록강 지역과 용암포를 불법적으로 점령했어요. 그러고는 대한 제국에 *조차를 요구했지요. 러시아가 만주와 대한 제국 국경 지대로 빠르게 세력을 확장하자, 제1차 영·일 동맹이 힘을 발휘하기 시작했어요. 러시아는 일본과 영국의 거센 항의에 일시적이나마 후퇴할 수밖에 없었지요.

얼마 후 러시아와 일본은 교섭을 벌였어요. 언제든지 전쟁으로 일본을 이길 수 있으리라 생각한 러시아는 일본과의 협상에서 느긋한 태도를 보였지요. 결국 두 나라는 합의점을 찾지 못한 채 교섭을 마무리했고, 일본은 전쟁 준비에 돌입했어요. 이렇게 러·일 전쟁이 시작되었어요.

당시 일본은 청·일 전쟁으로 거액의 배상금을 받은 뒤 배상금의 매력에 빠져 있었어요. 그래서인지 또다시 전쟁이 벌어지자 일본의 젊은이들은 앞다투어 전선으로 뛰어들었지요. 일본군은 러시아군에 비해 교육 수준이 높고, 국가 의식 또한 투철했어요. 반면에 만주에 배치된 병력의 상당수가 러시아에 의해 망한 폴란드 인 병사였던 탓에 러시아군은 충성심이 높지 않았지요.

조차 특별한 합의에 따라 한 나라가 다른 나라 영토의 일부를 빌려 일정한 기간 동안 통치하는 일

대한 제국을 둘러싼 러시아와 일본의 긴장감이 높아지자, 1904년 1월에 대한 제국은 어느 쪽의 편도 들지 않고 평화적인 관계를 유지하겠다며 국외 중립을 선언했어요. 하지만 일본은 다음 달, 제물포에 정박 중인 러시아 군함을 공격하며 전쟁을 시작했어요. 이와 더불어 랴오둥반도의 러시아 극동 함대까지 봉쇄했지요. 그리고 이틀 뒤 일본은 정식으로 러시아에 선전포고했어요. 서양 열강들은 일본이 다소 유리하게 전쟁을 시작했지만, 러시아가 이길 것이라고 내다보고 있었답니다.

일본은 러시아에 선전포고하기 직전, 서울로 진입해 점령하다시피 했

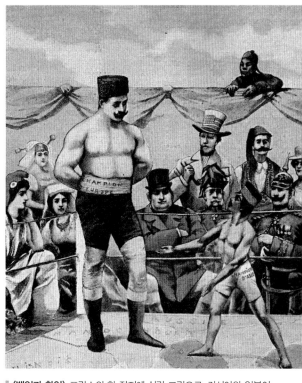

〈백인과 황인〉 프랑스의 한 잡지에 실린 그림으로, 러시아와 일본이 싸울 준비를 하고, 청나라는 담장 밖에서 힘들게 구경하고 있다.

어요. 그러고는 대한 제국의 국외 중립 의사를 철저히 무시한 채, 한·일 의정서를 강요했지요. 일본의 강한 압박에 중립을 지킬 수 없었던 대한 제국 정부는 결국 한·일 의정서를 체결했고, 이후 일본은 한·일 의정서에 따라 대한 제국의 전략적 요충지와 군사 기지를 마음대로 사용하기 시작했어요.

제3조 대일본 제국 정부는 대한 제국의 독립과 영토 보전을 확실하게 보증한다.

제4조 제3국의 침략 또는 내란으로 인해 대한 제국 황실의 안녕과 영토의 보전에 위험이 있을 경우에 대일본 제국 정부는 곧 필요한 조치를 취할 수 있다. 대한 제국 정부는 대일본 제국 정부의 행동이 용이하도록 충분히 편의를 제공한다. 대일본 제국 정부는 이러한 목적을 달성하기 위해 전략상 필요한 지점을 수시로 사용할 수 있다.

- 한·일 의정서 중

이를 바탕으로 그해 5월, 압록강을 돌파하며 러시아군을 공격한 일본군은 며칠 뒤 랴오둥 반도에 상륙했어요. 일본군은 랴오둥 반도의 중요 항구이자 전략적 요충지인 뤼순 앞바다에서 러시아 해군을 물리치면서 육지에 이어 바다에서까지 러시아군을 몰아붙였지요.

전쟁에서 승기를 잡은 일본은 또다시 대한 제국에 제1차 한·일 협약을 강요했어요. 이 협약의 주요 내용은 대한 제국의 외교와 재정 분야에 일본이 추천한 인물을 고문으로 임명하는 것이었지요. 협약을 체결하고 난 후 일본은 외교 고문으로는 친일 미국인인 스티븐스를, 재정 고문으로는 일본인인 메가타를 파견했어요. 이를 통해 일본은 대한 제국의 외교와 재정에 적극적으로 간섭하기 시작했지요. 이를 고문 정치라고 불러요.

스티븐스와 메가타는 대한 제국의 외교와 재정을 일본에 유리하게 이끌어 갔어요. 스티븐스는 대한 제국에서 급료를 받으면서도 일본의 침략 행위를 옹호했어요. 게다가 미국에 가서는 을사늑약 등의 침략 행위가 대한 제국을 위한 것인 양 찬양해 미국 내 우리 동포들의 분노를 자아냈지요. 메가타는 대한 제국의 화폐인 백동화를 일본의 제일은행권으로 바꾸는 화폐 개혁을 실시했어요. 당시 백동화는 갑종, 을종, 병종 등 3등급으로 나뉘어 있었는데, 일본은 상태가 좋은 갑종만 모두 교환해 주고 을종은 절반 이하로 그리고 병종은 아예 화폐로 취급해 주지도 않았어요. 대부분 을종과 병종만 가지고 있던 일반 백성들은 경제적으로 큰 피해를 입을 수밖에 없었지요. 이로 인해 대한 제국의 재정은 흔들렸고, 자본가들은 몰락했어요.

한편 일본은 이전부터 추진하고 있던 경부선 철도 공사를 서둘러 완공했어요. 1901년에 시작된 이래 지지부진하게 진행되고 있던 철도 공사를 서두른 것은 러·일 전쟁 때문이었지요. 1905년 1월 1일에 경부선이 완공되자 일본은 경의선 철도 공사에도 박차를 가했어요. 경의선은 러·일 전쟁이 끝난 후인 1906년에 완공되었지만, 일부 구간은 상당 부분 개통되어 전쟁 중 일본의 병력과 물자를 수송하는 데에 사용되었답니다. 일본은 철도를 이용해 러·일 전쟁을 유리하게 이끌고 대한 제국에 더 많은 병력을 투입했지요.

일본에 의해 대한 제국의 내정이 흔들리고 있을 무렵, 러·일 전쟁은 점점 치열해졌어요. 그때 러시아에서 큰 사건이 벌어졌어요. 그것은 *피의 일요일 사건이었지요. 1905년 1월 러시아의 수도인 상트페테르부르크에서 벌어진 이 사건으로 러시아는 정치적인 혼란에 빠졌어요. 그 와중에 3월에 치러진 펑톈 전투에서는 러시아군과 일본군 모두 합해 10만 명 이상의 사상자가 발생했지요. 이 전투에서도 러시아는 일본에 압도당했어요. 그러나 러시아는 세계 최강의 함대 중 하나인 발틱 함대를 파견하는 강수를 두었어요. 유럽에 있던 발틱 함대는 반년이 넘는 항해 끝에 아시아에 도착했지만 세계에서 유래가 없던 장거리 이동에 함대

피의 일요일 사건 러시아의 황제인 니콜라이 2세가 비폭력 시위를 벌이는 민중들을 폭력으로 진압한 사건으로 500명 이상이 죽은 대형 유혈 사태였다.

▌**발틱 함대가 무너진 쓰시마 해전** 러시아가 이 전투에서 패배하면서 사실상 러·일 전쟁은 끝났다.

에 탑승해 있던 군인들의 피로가 극에 달했지요. 결국 발틱 함대는 동아시아에 도착하자마자 도고가 이끄는 일본 해군 함대에 섬멸당하고 말았어요. 이로써 동아시아에 배치되었던 러시아의 육군과 해군은 모두 일본에 무릎을 꿇고 말았답니다.

러시아는 이대로라면 승리하기 어렵겠다고 판단했어요. 일본 역시 7년치 예산에 상응하는 돈을 들이부으며 전쟁을 지속했지만, 러시아를 완전히 굴복시키기 어려웠지요. 어느 한쪽도 완전한 승리를 확보하지 못하고 있었어요. 이때 미국의 시어도어 루스벨트 대통령이 양국을 중재하고 나섰어요. 이 중재로 두 나라는 결국 미국의 군항 도시인 포츠머스에서 강화 조약을 체결했지요. 이때 맺은 조약을 포츠머스 강화 조약이라고 해요.

이 일로 루스벨트는 이듬해인 1906년에 미국인 최초로 노벨 평화상을 수상했

▌포츠머스 강화 조약의 주역들 러시아의 비테 장관(왼쪽)이 미국의 시어도어 루스벨트 대통령(중간)의 중재 아래 일본의 고무라 주타로 외무대신(오른쪽)과 악수를 하고 있다.

어요. 전쟁을 끝내고 평화를 되찾는 데 기여했다는 이유에서였지요. 하지만 대한 제국에는 여전히 평화가 찾아오지 않았어요.

한편 전쟁이 치열하던 1905년 2월, 일본은 시마네 현 고시 제40호를 통해 우리의 땅 독도를 무단으로 일본의 영토에 편입시켰어요. 독도는 신라의 지증왕 대이래 우리나라의 영토로 관할된 우리 땅이었어요. 하지만 일본은 독도를 무주지라고 주장하며 불법으로 침탈했지요.

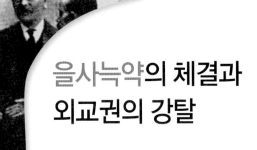

을사늑약의 체결과
외교권의 강탈

　포츠머스 강화 조약이 체결되기 직전, 대한 제국의 운명을 결정지을 중요한 조약인 가쓰라·태프트 조약과 제2차 영·일 동맹이 체결되었어요.

　1905년 7월에 체결된 가쓰라·태프트 조약은 일본의 수상인 가쓰라 다로와 미국의 국방장관인 윌리엄 태프트 사이에 맺어진 조약이에요. 당시 미국은 에스파냐와의 전쟁에서 승리한 뒤, 새로 개척한 식민지인 필리핀에서 이익을 지키고 싶어 했어요. 일본은 동아시아에서 영향력을 확장하고 싶어 했지요. 이렇게 양국의 이해관계가 맞아떨어지면서 조약은 체결되었어요.

　한편 일본은 영국과 동맹 관계를 갱신하며 1905년 8월에 제2차 영·일 동맹을 맺었어요. 영국은 인도에서, 일본은 대한 제국에서 상호 이익을 보장받고, 그 이익을 지키기 위해 동맹을 맺는다는 내용이었지요. 미국과 영국은 일본의 대한 제국 침략을 묵인하고 자신들의 이익을 챙겼어요.

3. 동아시아 및 인도 지역에서 체결국의 영토권을 보존하며 해당 지역에서 양 조약 체결국의 특별 이익을 방어할 것을 목적으로 해 아래의 각 조항을 약정한다.

제1조 일본국 또는 대영 제국의 권리 및 이익 중 어느 것이라도 침해당했을 때에는 양국 정부는 상호 간 침해당한 권리와 이익을 보호하기 위해 취할 조치를 공동으로 고려한다.

제2조 양 국가의 체결국 중 한 국가가 다른 국가의 침략을 당했을 때 그 즉시 동맹국에 와서 원조, 협동해서 전투에 가담해야 한다.

제3조 일본국은 한국에서 정치, 군사, 경제상의 탁월한 이익을 가지므로, 영국은 일본의 권리를 승인한다.

제4조 대영 제국은 인도 국경의 안전에 관계되는 일체의 사항에 관해 특수 이익을 가지고 있으므로 일본국은 영국이 인도를 보호하기 위한 조치를 승인한다.

— 제2차 영·일 동맹 중

이후 미국의 중재로 1905년 9월에 러시아와 일본이 포츠머스 강화 조약을 체결했어요. 러·일 전쟁은 승자와 패자가 갈린 전쟁이 아니었기 때문에 서로 전쟁 배상금을 지불할 필요는 없었지요. 하지만 이 전쟁으로 일본이 동아시아에서 영향력을 확장시킨 것과 달리, 러시아는 만주와 대한 제국에 대한 모든 영향력을 상실하고 말았답니다.

일본은 이제 대한 제국은 물론, 남만주 일대까지 영향력을 확대했어요. 게다가 외교 관계까지 일본에 유리하게 조성되면서 일본은 1905년 11월, 대한 제국에 조약 체결을 강요했어요. 이에 고종은 병을 핑계로, 특사로 파견된 이토 히로부미의 요구를 거부했어요. 하지만 이토는 집요하게 고종을 압박하며 대한 제국의 외교권을 일본에 위임하라고 강요했지요. 고종은 외교권 위임 같은 국가의 중대사를 국왕 혼자서 결정할 수는 없다고 맞섰어요.

원하는 대로 일이 풀리지 않자, 이토는 대신들을 불러 모아 놓고 보호 조약의 필요성을 주장했어요. 그리고 군대까지 동원해 대신들에게 조약 체결에 찬성할 것을 협박했지요. 여러 대신들이 조약 체결에 거부하는 의사를 밝히며 맞섰지만, 이토는 학부대신 이완용과 내부대신 이지용, 군부대신 이근택, 외부대신 박제순, 농상공부대신 권중현 등을 앞세워 조약을 체결했답니다. 비준 절차도 없이 을사늑약이 체결된 거예요. 을사늑약은 을사년에 강제로 맺어진 조약이라는 뜻이에요. 우리의 뜻과는 상관없이 강제로 체결되었기 때문에 국제법상 당연히 효력이 없는 조약이었지만 국제 사회는 일본의 손을 들어 주었어요. 한편 조약 체결에 일조한 다섯 명의 대신들은 후에 '을사늑약 체결에 가담한 다섯 매국노'라는 의미의 을사오적이라 불리며 비난받았답니다.

제1조 일본국 정부는 도쿄에 있는 외무성을 통해 한국의 외국과의 관계 및 사무를 감독 지휘한다.

제2조 일본국 정부는 한국과 다른 나라 사이에 현존하는 조약의 실행을 완전히 책임지며, 한국 정부는 이후 일본국 정부의 중개를 거치지 않고는 국제적 성격을 띤 어떤 조약이나 약속도 하지 않을 것을 약속한다.

제3조 일본국 정부는 그 대표자로 하여금 한국 황제 폐하의 아래에 1명의 통감을 두되, 통감은 전적으로 외교에 관한 사항을 관리하기 위해 서울에 주재하며 …… 일체의 사무를 맡아서 처리할 것이다.

고종의 정식 위임장도 없이, 외부대신 박제순의 도장이 강제로 찍힌 을사늑약으로 인해 대한 제국의 외교권은 일본으로 넘어갔어요.

이후 대한 제국에는 조선 통감부가 설치되었어요. 그리고 초대 통감으로 이토 히로부미가 임명되었지요. 이토 히로부미는 대한 제국의 내정에 깊숙이 관여하기 시작했어요. 대한 제국의 외교권과 내정 모두가 이토 히로부미의 손에 들어간 것이나 마찬가지였지요.

수많은 애국지사들이 을사늑약의 무효를 주장하며 항일 운동을 펼쳤어요. 장지연의 논설 '시일야방성대곡'도 이때 발표되었지요. 수많은 관리와 유생이 정부에 을사늑약을 취소하고 매국노를 처벌하라는 상소를 올렸어요. 상인들은 일제히 가게의 문을 닫고, 학생들은 스스로 휴학을 결의했지요.

오호! 나라의 치욕과 백성의 욕됨이 이에 이르렀으니 우리 인민은 장차 생존 경쟁 가운데서 멸망하리라. 대개 살기를 바라는 사람은 반드시 죽고, 죽기를 기약하는 사람은 도리어 삶을 얻나니 여러분들은 어찌 이것을 알지 못하는가? 단지 영환은 한번 죽음으로 황제의 은혜에 보답하고 우리 2천만 동포 형제에게 사죄하려 하노라. 그러나 영환은 죽어도 죽지 않고 저승에서라도 동포들을 기어이 도우리니 다행히 동포 형제들은 천만 배 더욱 기운을 떨쳐 힘써 뜻을 굳게 가지고 학문에 힘쓰며 한마음으로 힘을 다하여 우리의 자유 독립을 회복하면 죽어서라도 마땅히 저 세상에서 기뻐 웃으리라. 오호! 조금도 실망하지 말지어다. 대한 제국 2천만 동포에게 죽음을 고하노라.

– '2천만 동포들에게 고함'(민영환)

을사늑약이 체결되자 민영환은 좌의정 조병세 등과 함께 고종에게 상소를 올렸어요. 하지만 일본의 감시를 받던 고종은 묵묵부답이었지요. 이에 민영환 등은 재차 상소를 올리고, 경운궁 대한문 앞에 엎드려서 기다렸답니다. 점차 을사늑약에 반대하는 여론이 높아지자, 일본은 민영환과 조병세 등을 감옥에 가두었어요. 며칠 뒤 민영환은 풀려났지만 울분을 참을 수가 없었어요. 을사오적 등 친일파와 수많은 관리 중 책임을 지려는 사람은 아무도 없었지요. 이에 민영환은 유서와 함께 각국 공사관에 보내는 편지를 남기고 스스로 목숨을 끊었어요. 이후 함께 상소를 올렸던 조병세 등도 민영환의 뒤를 따라 세상을 등졌지요.

민영환이 세상을 뜬 뒤 많은 사람들이 그의 죽음을 안타까워했어요. 수많은 조문객들이 몰려왔는데, 그중에는 일본의 고관들도 있었다고 해요. 유족들은 민영환의 피 묻은 옷을 상청 마루방에 두었어요. 그런데 8개월이 지난 어느 날, 상청의 마룻바닥과 피 묻은 옷을 뚫고 충절을 상징하는 혈죽이 올라왔어요. 더구나 그 대나무의 잎사귀는 45개로, 민영환이 자결할 당시의 나이와 같았지요. 사람들은 대나무를 보기 위해 몰려들었고, "어찌 공의 정신과 기백이 족히 천지를 움직이고 귀신을 감동시킨 것이 아니겠는가?"라고 말했어요. 일본은 이 일로

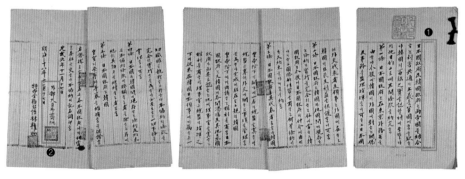

을사늑약 문서 ❶을사늑약은 조약의 이름도 없었다. ❷고종의 국새가 아닌 외무대신 박제순의 도장이 찍혀 있다.

사람들의 독립 의식이 고취되지는 않을까 한동안 전전긍긍했답니다.

이후 고종은 미국 등의 열강에 을사늑약이 무효임을 호소하기 시작했어요. 1906년 초 〈런던 트리뷴〉이라는 신문에 을사늑약의 부당성을 호소하는 고종의 친서를 실어 세상에 알리기도 했지요. 하지만 국제 사회는 냉담했어요.

고종은 을사늑약의 체결 직전부터, 조·미 수호 통상 조약을 맺은 미국의 도움을 애타게 기다렸지만 미국은 이미 일본의 편이 되어 있었지요. 기댈 곳 하나 없던 고종과 대한 제국 앞에 마지막 운명을 가를 기회가 다가오고 있었어요. 그것은 바로 네덜란드의 헤이그에서 열릴 예정이었던 *만국 평화 회의였지요.

만국 평화 회의 제1차 만국 평화 회의는 러시아의 니콜라이 2세의 주창으로 1899년 5월부터 7월까지 열렸으며 26개국이 참여했다. 이 회의에서 국제 분쟁의 평화적 해결에 관한 조약이 맺어졌고, 상설 중재 재판소가 설치되었다.

고종의 강제 퇴위와
정미 7조약의 체결

1906년 초, 제2차 만국 평화 회의가 개최될 것이라는 소문이 들려왔어요. 그러던 차에 러시아의 황제인 니콜라이 2세가 고종에게 8월에 개최 예정인 만국 평화 회의의 초청장을 극비리에 보냈지요. 포츠머스 강화 조약으로 대한 제국에 대한 일본의 우월권은 인정했지만, 을사늑약은 인정할 수 없었던 거예요.

고종은 국제 여론에 을사늑약의 부당성을 호소하고자 니콜라이 2세의 초청에 응했어요. 국제 중재 재판소를 통해 을사늑약이 무효임을 알리려 했지요. 고종은 상하이에 체류 중이던 이용익에게 제2차 만국 평화 회의의 특사로 참석할 것을 지시했어요. 이용익은 러시아의 블라디보스토크로 건너가 고종의 명으로 온 이상설 등과 합류해 고종의 지시를 기다렸어요. 하지만 독일과 오스트리아의 참가 거부로 제2차 만국 평화 회의는 취소되었고 고종의 계획도 허무하게 끝나 버렸지요.

하지만 고종은 포기하지 않았어요. 오히려 조금 더 적극적으로 움직였지요. 미국인 선교사인 헐버트에게 대한 제국 정부의 모든 일에 대한 위임장을 부여하는 한편, 각국에 편지를 전달해 줄 것을 부탁했어요. 이때 고종이 쓴 친서에는 을사늑약이 강제로 맺어졌다는 것과 자신은 을사늑약에 조인한 적이 없다는 내용이 적혀 있었지요. 하지만 고종의 편지는 전달되지 못했고, 고종의 노력은 또다시 물거품이 되었어요.

해가 바뀌고 국제 사회는 제2차 만국 평화 회의의 개최 문제를 다시 논의하기 시작했어요. 고종도 이에 발맞추어 이용익에게 회의 참가를 지시했지만, 이용익이 돌연 사망하면서 모든 계획이 틀어지고 말았지요.

이후 제2차 만국 평화 회의의 개최 소식이 공식적으로 대한 제국에 전해졌어요. 당시 미국에서 귀국한 안창호를 중심으로 진덕기 목사, 이준, 이회영, 이동휘, 김구 등이 새로 개최되는 제2차 만국 평화 회의에 특사를 파견해 을사늑약을 무효화해야 한다고 입을 모았지요. 이들은 제2차 만국 평화 회의에 고종의 특사로 이준과 이상설을 파견하기로 결정했어요. 이제 남은 것은 고종에게 이러한 사실을 알리고 허락을 받는 일뿐이었지요.

을사늑약의 체결 이후, 고종은 일본의 통제를 받았어요. 때문에 일본은 고종이 누구를 만나는지 모두 알고 있었지요. 고종이 특사를 임명하고 다른 나라에 파견하기 위해서는 일본의 감시를 피해야만 했어요. 극비리에 고종은 이준에게 특사의 임무를 맡겼어요. 고종에게 신임장과 친서 등을 받은 이준은 부산을 거쳐 러시아의 블라디보스토크로 이동했지요.

이준은 북간도에 거주하던 이상설을 만났어

이용익(1854~1907) 대한 제국의 광무 개혁을 이끌었던 핵심 관료로, 고려대학교의 전신인 보성학교의 설립자이다.

요. 이상설 역시 이준의 건의로 비밀리에 임명된 특사였지요. 이준과 이상설, 두 특사는 시베리아 횡단 열차를 타고 러시아의 수도인 상트페테르부르크에 도착했어요. 그곳에서 전 러시아 주재 공사 이범진의 아들인 이위종을 만났어요. 이위종은 통역관의 임무를 맡았답니다.

세 사람은 제2차 만국 평화 회의의 주창자이며, 의장국의 황제인 니콜라이 2세를 만나 고종의 친서를 전달했어요. 이들은 러시아의 협조를 받아 을사늑약의 부당성을 세상에 알리려 했지요. 이후 네덜란드의 헤이그에 도착한 세 특사는 헤이그 시내의 융 호텔에 숙소를 정한 뒤, 호텔 옥상에 당당하게 태극기를 내걸었답니다.

그곳에서 세 특사는 의장이었던 러시아 대표를 만나 도움을 요청하고, 제2차 만국 평화 회의의 개최국인 네덜란드의 외무대신도 만났어요. 계속해서 사람들을 만나 호소했지만 세 특사와 뜻을 같이해 주는 국가는 없었지요. 제국주의 국가들끼리의 모임이었던 만국 평화 회의에 대한 제국의 편은 없었던 거예요.

> 우리나라의 독립은 여러분들의 나라에서 지금까지 인정해 왔습니다. ……
> 당시 일본인들이 사용한 방법을 각국 대표들에게 알려 드리고자 합니다. 일본인들은 목적을 달성하기 위해 무력으로 위협하고 대한 제국의 권리와 법률을 침해하는 데 주저하지 않았습니다.
>
> — 대한 제국 황제 특파 전권 특사 이상설, 이준, 이위종이
> 의장 넬리도프 자작 각하에게

결국 이들은 일본의 불법 행위를 적은 성명서를 40여 개국의 대표에게 보내고, 〈평화회의보〉에 그 내용을 게재했어요. 일본은 대한 제국의 외교권 상실을 주장하며, 수단과 방법을 가리지 않고 세 특사들의 노력을 방해했지요. 특사들

은 포기하지 않고 더 많은 국가의 대표들을 만나 도움을 요청했어요. 하지만 서양의 열강들은 하나같이 세 특사의 외침을 외면했어요. 대한 제국으로 초청장을 보냈던 러시아조차 일본과의 관계를 개선하기 위해 세 특사를 외면해 버렸지요.

세 특사의 노력이 빛을 잃을 무렵, 〈런던타임즈〉와 〈뉴욕 헤럴드〉를 통해 대한 제국의 문제가 알려졌어요. 열강의 대표들이 외면한 이야기를 신문 기자들이 궁금해한 거예요. 마침내 세 특사는 기자단의 국제 협회에 초청되어 발언할 기회를 얻었어요. 이 자리에서 이위종은 프랑스 어로 '한국의 호소'라는 연설문을 발표하고 기자단의 지지를 얻어 냈답니다.

하지만 만국 평화 회의장에서는 끝까지 대한 제국의 아픔을 공유하지 않았어요. 제국주의 국가들의 이해관계가 얽혀 있었기 때문이지요. 일본의 방해와 열강들의 무관심 속에 문제의 해결책이 보이지 않자 세 특사는 마음이 아팠어요. 이준은 원통함에 곡기까지 끊었지요. 그러다가 화병과 단식으로 몸 상태가 급격

▍**만국 평화 회의에 파견되었던 세 특사** 왼쪽부터 이준, 이상설, 이위종이다.

히 악화되어 그만 목숨을 잃고 말았어요. 대한 제국에는 이역만리에서 이준이 순국했다는 소식이 전해졌지요.

남은 두 명의 특사는 이준의 시신을 헤이그의 한 공동묘지에 임시로 묻었어요. 그리고 다음 날 헐버트와 함께 미국으로 갔다가, 두 달 후 다시 헤이그로 돌아왔어요. 이준의 시신을 정식으로 안장하기 위해서였지요.

나랏일은 아직 이루지 못하고 그대 먼저 죽으니
이 사람 혼자 남아 흐르는 눈물이 배 안을 가득 채우는구나.
— 이준을 기리며 이상설이 읊은 시

한편 일본은 헤이그 특사 파견을 구실로 고종을 압박했어요. 이토 히로부미는 고종을 위협하는 한편, 총리대신인 이완용을 불러 야단을 쳤지요. 이에 이완용은 내각 회의를 열고 고종이 황제의 자리에서 물러나야만 사태가 수습될 것이라

고 주장했어요. 결국 고종은 일본의 협박 속에서 황제의 자리에서 물러났고, 그 뒤를 이어 황태자인 척이 순종으로 대한 제국의 마지막 황제 자리에 올랐답니다.

고종의 강제 퇴위 후, 일본은 을사늑약에 이어 더욱 침략적인 새로운 조약을 체결하려 했어요. 이를 위해 일본은 군대를 급파하고 공포 분위기를 조성했지요. 결국 총리대신 이완용이 나서서 이토 히로부미와 조약을 체결했어요. 이때 맺은 조약을 '정미 조약' 혹은 7개의 조항으로 이루어져 있다고 해 정미 7조약이라고 해요. 다른 말로 '한·일 신협약'이라고도 하지요.

이 조약의 체결 이후, 일본은 조선 통감의 권한을 비약시키며, 빠르게 대한 제국의 내정을 장악했어요. 일본은 대한 제국 각 부서의 차관과 서기관 등 주요 요직에 일본인을 임명하고, 치안 업무를 담당하는 경무국장과 경무관에 일본인을 임명할 수 있도록 해, 실질적으로 내정과 경찰 업무까지 장악했지요.

정미 7조약 하야시 다다스와 이토 히로부미가 지켜보는 가운데 이완용이 정미 7조약에 서명하고 있다. 이를 진구황후와 도요토미 히데요시 등 일본의 역대 유명 인사들이 하늘에서 지켜보며 기뻐하고 있다고 표현했다.

일본은 황실 수비용 육군 1개 대대를 제외한 모든 군대를 공식적으로 해산했어요. 이어 이완용의 서명으로 대한 제국의 사법권과 경찰권을 차례로 빼앗은 뒤 마침내 '병합'을 강요하기 시작했지요. 이때 친일 단체였던 일진회가 합방 청원서를 제출했는데, 이것은 일본이 꾸민 일로 우리 국민들이 자발적으로 병합을 요구한 것처럼 보이기 위한 계략이었답니다.

일본은 대한 제국과의 병합을 위해 치밀하게 준비했어요. 일본의 육군대신 데라우치를 통감에 임명하고, 헌병 경찰 제도를 운영해 우리 민족의 저항을 무력으로 진압했어요. 또 일본의 헌병 병력 상당수를 대한 제국에 급파해 서울을 공포 분위기로 몰아넣기도 했지요. 데라우치는 이완용에게 '병합' 조약을 전달했어요. 이완용은 '한국 병합에 관한 조약'을 순종에게 강요했지요.

결국 순종은 1910년 8월 22일, 마지막 어전 회의에서 대한 제국의 통치권을 일본에 넘겨주고 말았어요.

제1조 한국 황제 폐하는 한국 전체에 관한 일체 통치권을 완전하고도 영구히 일본 황제 폐하에게 양여한다.
제2조 일본국 황제 폐하는 앞 조에 기재된 양여한다는 것을 수락하고, 또 완

▌**경복궁 근정전의 일장기** 국권을 빼앗긴 대한 제국의 치욕을 상징한다.

> 전히 한국을 일본 제국에 병합하는 것을 승인한다.
>
> — 한국 병합에 관한 조약

일주일 후 병합 사실이 만천하에 공포되었어요. 일본은 실제로 대한 제국을 강점했지만, 그러한 침략성을 감추기 위해, 대한 제국을 집어삼켰다는 의미의 '병탄' 대신에 '병합'이라는 용어를 썼어요. 이후 대한 제국은 일본의 식민지로 전락했지요. 우리 민족은 망국의 설움을 극복하고 국권을 회복하기 위해 각고의 노력을 기울여야만 했어요.

항일 의병 전쟁과
의거 활동

국모가 섬 오랑캐의 해를 입었으니 하늘과 땅이 바뀌었고, 성상이 단발의

욕을 받았으니 해와 달이 빛을 잃었도다.

― 《관동창의록》(민용호)

청·일 전쟁을 벌이며 조선에 침략의 손길을 뻗기 시작한 일본은 명성 황후를 살해하고 을미개혁을 주도하면서 조선 민중들의 거센 반발을 샀어요. 연이은 일본의 침략 행위에 참다못한 조선의 민중들이 들고일어나면서 전국 곳곳에서 의병이 일어났답니다.

1895년 무렵, 의병들을 지휘한 이소응, 유인석 등의 유생 의병장들은 대부분 위정척사 사상을 계승한 인물들로, 일본으로부터 위협받고 있는 국왕을 지켜야 한다고 생각했어요. 그래서 명성 황후의 죽음과 고종의 단발에 큰 충격을 받았지요. 이처럼 유생 의병장들을 중심으로 일어난 의병을, 을미년에 일어났다고 해서 '을미의병'이라고 해요.

이들은 갑오개혁과 을미개혁으로 상징되던 개화에 반대한다는 입장을 분명히 하는 한편, 일본의 침략 행위에 맞서 투쟁을 벌였어요. 하지만 유생 의병장과 평민 의병 간의 신분 차별로 의병의 단결력은 약화되었고 이는 곧 전투력의 하락으로 이어졌지요. 그러다 결국 고종의 해산 권고에 대부분 자진 해산했답니다. 일본과 싸우는 일도 중요했지만, 의병을 일으킨 이유이기도 했던 국왕에 대한 충성심이 더 중요했기 때문이지요.

19세기 말에는 민중의 편에 서서 양반에 저항하는 사람들이 등장했어요. 이들을 활빈당이라고 해요. 1899년부터 1905년까지 활동했던 이들은 전국 곳곳에서 부정한 양반이나 상인, 외국인 등을 공격했어요. 그렇게 탈취한 재물을 홍길동처럼 가난한 이들에게 나눠 주기도 해서 백성들의 호응을 얻었지요. 이들은 이후 각종 의병에 합류해 활약했답니다.

1905년에 체결된 을사늑약으로 전국에서 의병이 봉기했어요. 이들을 을사의병이라고 해요. 을사늑약으로 곧 나라가 망한다고 생각했던 사람들은 을미의병 때와는 또 다른 모습을 보여 주었어요. 유생 의병장 외에 평민 의병장이 등장한 거예요.

이때 활약했던 대표적인 의병장으로는 원용팔, 민종식, 최익현, 신돌석 등이 있어요. 원용팔은 강원도와 충청도를 넘나들며 의병들을 지휘했어요. 민종식은 홍주성을 점령하며 기세를 올렸지요.

오호라, 작년 10월에 저들이 한 행위는 만고에 일찍이 없던 일로, 억압으로 한 조각의 종이에 조인해 500년 전해 오던 종묘사직이 드디어 하룻밤 사이에 망했으니, 천지신명도 놀라고 조종의 영혼도 슬퍼했다. 우리 의병 군사의 올바름을 믿고 적의 강대함을 두려워하지 말자. 이에 격문을 돌리니

의연히 일어나라.

— 최익현의 격문

유생 의병장 중 한 명이었던 최익현은 임병찬과 함께 전라도에서 의병을 일으켜 활약했어요. 하지만 대한 제국의 진위대가 의병을 해산시키기 위해 투입되자 같은 동포끼리 싸울 수 없다며 의병을 해산시켰지요. 최익현은 당시 70대의 고령이었음에도 일본이 장악한 사법부에 맞서 끝까지 항거했어요. 체포된 후에는 대마도로 압송되어 3년 뒤에 순국했지요. 최익현과 뜻을 함께했던 임병찬은 훗날 일본에 나라를 빼앗긴 뒤, 대한독립의군부를 결성하고 목숨이 다할 때까지 나라를 되찾기 위해 노력했어요.

신돌석은 평민 의병장을 대표하는 인물이에요. 뛰어난 유격 전술로 일본군을 휘젓고 다녔던 신돌석은 휘하에 3000명이 넘는 의병들을 두고 여러 곳에서 일본군의 간담을 서늘하게 만들었어요. 다른 의병 부대와 함께 연합 작전을 펴며 활약했던 신돌석의 의병 활동은 1908년까지 계속되었답니다. 일본은 신돌석을 회유하려 했지만 신돌석은 굳은 의지로 일본에 맞서다가 순국했어

▌**신돌석(1878~1908)** 대한 제국 말기의 의병장으로 을사늑약이 맺어진 이듬해인 1906년 경상북도 울진군에서 평민으로서 의병을 일으켰다.

요. 을사의병은 대한 제국의 지배층뿐 아니라, 일반 국민들까지 의병 활동에 적극 참여했다는 점에서 큰 의미를 지녀요.

을사늑약 이후 계속 활발하게 이루어졌던 의병 활동은 1907년을 기점으로 크게 변화했어요. 1907년에 일본은 헤이그 특사 파견을 구실로 고종을 강제로 퇴위시키면서 대한 제국의 군대도 함께 해산시켰어요. 군대가 해산되자, 왕의 호위를 맡았던 시위대 대대장 박승환은 '군인으로서 나라를 지키지 못했으니 만 번 죽어도 아깝지 않다.'라고 외치며 자결했지요. 군대의 해산과 대대장의 죽음에 격분한 시위대 군인들은 일본군과 시가전을 벌였어요. 이후 해산된 군인들이 대거 의병에 가담하면서 의병의 전투력은 크게 강화되었지요. 이때부터의 의병을 정미의병이라고 불러요.

▌**정미의병** 해산된 대한 제국 군인들이 대거 가담했다.

군대를 움직이는 데 가장 중요한 점은 고립을 피하고 일치단결함에 있다. 따라서 각 도의 의병을 통일하여 둑을 무너뜨리는 기세로 서울에 진공하면, 전 국토가 우리의 손 안에 들어오고 한국 문제의 해결에 있어서도 유리하게 될 것이다.

– 이인영의 격문

전국에서 다양한 계층의 의병장들이 의병을 일으키면서 의병의 세력은 점점 커졌어요. 각 지역에서 일어난 의병들은 점차 하나로 연합했고, 1만여 명으로 구성된 13도 창의군이 경기도 양주에서 결성되었지요. 의병장들은 이인영을 총대장으로 추대했어요. 서울 부근까지 진격한 13도 창의군은 결전의 순간을 남겨 놓고 있었지요. 바로 그때 총대장 이인영의 부친이 사망했다는 소식이 들려왔어요. 이에 이인영은 총대장직을 사임하고 부친의 3년상을 치르기 위해 고향인 문경으로 내려갔지요. 서울 진격을 앞둔 중대한 순간이었지만, 이인영은 효를 위해 자신의 책무를 저버리고 말았어요. 이인영을 대신해 허위가 13도 창의군을 인솔했고, 동대문 밖 30리 부근까지 진격하는 데 성공한 13도 창의군은 일본군에 맞서 목숨을 걸고 싸웠어요. 하지만 무장의 차이를 극복하지 못하고 결국 패배하고 말았지요. 서울 진공 작전은 그렇게 막을 내렸답니다.

그 무렵, 호남 지방에서는 다양한 계층으로 구성된 의병들이 힘을 내고 있었어요. 머슴 출신인 안규홍을 비롯해 수많은 의병장들이 의병을 일으키고 활발한 항일 투쟁을 전개했지요. 이들의 투쟁에 일본은 의병 활동은 물론, 의병 활동에 협력하는 사람들까지 모두 초토화시키고자 '남한 대토벌 작전'을 펼쳤어요. 의병들은 끝까지 저항했지만, 일본의 대규모 병력과 신식 무기를 상대하기에는 역부족이었지요.

일본이 전국 곳곳을 장악하면서 의병 활동은 점점 설 곳을 잃어 갔어요. 하지만 그 기개는 변하지 않았답니다. 의병들은 장기적인 활동을 준비하기 시작했어요. 일본이 장악하지 못한 북쪽 지역이나 국외에 근거지를 마련하고 일본에 맞서려고 했지요. 그 결과 간도와 연해주 등지에 의병 활동을 위한 근거지가 마련되었고, 훗날 국권을 빼앗긴 뒤에는 자연스레 독립군 기지로 전환되었어요.

15년간 이어진 의병들의 활약은 일본에 우리 민족의 항전 의지를 보여 주었어요. 국권과 자유를 수호하기 위해 온 국민이 참여했다는 점에서도 의미가 크지요. 의병 활동은 향후 독립운동의 초석이 되어 무장 독립 전쟁으로 계승, 발전되었어요.

한편 나라를 팔아먹은 매국노와 일본의 침략에 협조한 친일파에 대한 응징도 잇따랐어요. 나인영과 오기호 등은 자신회라는 단체를 조직하고 을사오적을 처단하려 했지요. 장인환과 전명운은 친일 외교 고문으로 활약했던 미국인 스티븐스를 응징했어요. 1908년, 샌프란시스코의 페리 부두에서 전명운은 권총으로 스티븐스를 저격했어요. 하지만 안타깝게도 불발이었지요. 불발임을 깨달은 전명운은

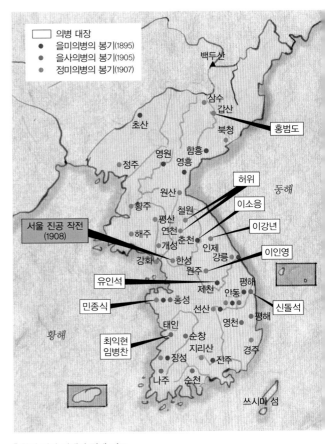

▌항일 의병 전쟁의 전개 지도

▎안중근(1879~1910)

▎안중근의 글씨 '독립. 경술년 2월 뤼순 감옥에서 안중근이 적다.'

스티븐스를 덮쳐 권총으로 그의 얼굴을 마구 때렸어요. 그 순간, 어디선가 세 발의 총성이 울렸어요. 스티븐스를 사살하기 위해 대기하고 있던 장인환이 낸 총성이었지요. 장인환이 쏜 세 발의 총알은 전명운이 한 발 그리고 스티븐스가 두 발을 맞았어요. 스티븐스는 곧 병원으로 실려 갔지만, 결국 사망했지요. 장인환과 전명운의 쾌거는 미국 내 한인 사회가 단결하는 계기가 되었을 뿐 아니라 향후 국내외 의열 투쟁에도 큰 영향을 주었답니다.

한편 대한의군 참모중장인 안중근은 1909년 10월 26일, 초대 조선 통감이자 을사늑약의 원흉인 이토 히로부미를 하얼빈 역에서 처단하는 데 성공했어요. 안중근은 의거 직후 '코레아 우레(대한 만세)'라는 말을 연호하며 자신의 의거를 알렸지요. 현장에서 체포되어 일본에 넘겨진 안중근은 1910년 2월 14일, 판사와 검사, 변호인 등 모든 사람이 일본인으로 구성된 재판에서 사형 선고를 받았어요. 그리고 그해 3월 26일, 뤼순 감옥에서 순국했지요. 안중근의 시신은 뤼순 어딘가에 있을 것이라고 추정될 뿐, 아직까지 찾지 못했어요. 그래서 안중근의 묘는 김구와 이봉창, 윤봉길 등의 묘와 함께 서울 효창 공원에 가묘 형태로 존재하고 있답니다.

안중근의 의거 이후 또 한 명의 열혈 청년이 의거를 일으켰어요. 그의 이름은 이재명으로, 하와이에서 유학하던 중 일본에 항거하기 위해 고국으로 돌아온 인물이었지요. 이재명은 친일 매국노를 죽이겠다며 매국노의 사진 몇 장과 단도 그리고 권총을 들고 다녔다고 해요. 이를 안타깝게 여긴 김구가 권총을 빼앗으며 이재명을 달랬답니다. 후일, 더 큰일을 할 이재명을 아끼는 마음에서였지요. 하지만 이재명의 열정은 변하지 않았어요.

이재명(1890~1910) 하와이 유학파로 재판정에서 '2천만 우리 동포가 모두 나의 공범이다.' 라고 말했다.

이재명은 군밤 장수로 위장하고는 이완용을 처단하기 위해 기회를 노리고 있었어요. 그러던 어느 날, 명동 성당에서 집으로 향하던 총리대신 이완용을 발견하고 그를 칼로 찔렀지요. 이완용은 허리와 어깨 등 세 군데에 상처를 입었지만 일본 순사의 도움으로 목숨을 건졌어요. 이 소식을 들은 김구는 괜히 이재명의 권총을 빼앗아 이완용의 목숨을 살려 주었다고 한탄했다고 해요.

> 자객 이재명은 평양성 내 사람이오. 지금 나이는 21세인데 6년 전에 미국에 가서 유학하다가 귀국하여 나라 형편을 보고 분심이 크게 발동하여 이번 일을 행함이더라.
>
> ― 〈대한매일신보〉(1909. 12. 23)

우리 민족은 의병 활동과 여러 의거를 통해 일본과 친일 인사들에게 항거했어요. 국권을 잃은 뒤 이러한 활동은 더욱 적극적으로 발전해 독립 전쟁과 수많은 의거 활동으로 이어졌답니다.

애국 계몽 운동과
국권 수호

　독립 협회의 해산 이후, 개화파 지식인들은 교육과 산업을 통해 나라를 부강하게 만들어야 한다고 생각했어요. 이때 이들이 생각하는 교육이란, 백성들을 깨우쳐 근대 국가에 맞는 국민으로 만드는 것이었어요. 그리고 산업은, 교육으로 육성된 국민들의 힘으로 나라의 부를 늘리는 것이었지요. 교육과 산업, 이두 가지를 통해 자강을 이루는 것이 지식인들이 지향하던 계몽 운동의 목적이었어요. 일본이 점점 노골적으로 침략 야욕을 드러내자 수많은 계몽 운동 단체가 결성되어 자강 운동을 펼치기 시작했지요.

　이때 일본이 한·일 의정서에 의거해 대한 제국 정부에 황무지 개간권을 요구하는 일이 벌어졌어요. 이는 단순히 농사짓기 어려운 황무지를 넘기는 것이 아니라 전 국토의 30퍼센트에 달하는 황무지의 경영권과 그 땅에 대한 모든 권리를 50년간 갖겠다는 것이었지요. 황무지는 농사에는 적합하지 않을지 몰라도, 철도 부지, 공장 부지, 군용지 등으로 사용하기에는 좋은 땅이었어요. 쓰임새에 따라 아주 중요한 땅이 될 수도 있었지요.

일본의 침략적인 요구에 송수만, 심상진 등은 1904년에 보안회를 조직하고 일본에 맞섰어요. 앞서 동학 농민 운동이 '보국안민(輔國安民)'의 기치를 걸고 시작되었다는 이야기를 했지요. 보안회는 '보국안민'의 줄임말이에요. 이들은 일본에 맞서 황무지 개간권 요구를 철회시키는 데 성공했어요. 반면에 보안회의 활동을 저지한 단체도 있었어요. 바로 송병준, 윤시병 등이 조직한 유신회였지요. 유신회는 이름을 일진회로 변경하고 대한 제국이 망하는 그날까지 일본의 꼭두각시 노릇을 했어요. 이들은 대한 제국과 일본이 서로 합쳐야 한다는 주장을 공공연하게 하기도 했답니다.

이후 공진회(진명회), 국민 교육회 등의 계몽 운동 단체가 등장해 활약했어요. 그리고 1905년에는 독립 협회의 정신을 계승한 헌정 연구회가 만들어졌어요. 헌정 연구회는 반일진회 활동과 헌정 연구를 목적으로 만들어진 단체로, 외세의 침략을 막고 국왕의 권리를 유지할 수 있는 정치 체제는 입헌 군주제라고 주장했답니다. 이들은 왕실과 정부도 헌법과 법률에 따라야 하며, 국민의 권리를 법률로 보장해야 한다고 강조했지요.

을사늑약의 체결 후 일본은 노골적으로 침략성을 드러내며 헌정 연구회를 탄압했어요. 그래서 헌정 연구회는 대한 자강회로 재조직되었지요. 대한 자강회는 교육을 진흥하고 산업을 육성해 실력을 길러야 한다고 주장했어요. 교육과 산업에 주안점을 두고 월보를 발행하고 전국에 지회를 설치하는 등 국권 회복을 위한 활동을 전개했지요.

무릇 우리나라의 독립은 오직 자강의 여하에 있을 따름이다. 우리나라가 과거에 자강의 방법을 강구하지 않아 인민이 스스로 우매함에 묶여 있고 국력이 쇠퇴하여 마침내 오늘의 위기에 다다라, 결국 외국인의 보호를 받게 되었으니 …… 자강의 방법은 다른 데 있는 것이 아니라 교육을 진작하고 산업을 일으키는 데 있다.

— 〈대한 자강회 월보〉

그러던 중, 고종이 강제로 퇴위되자 대한 자강회는 이를 반대하는 운동을 강력히 펼쳤지만 결국 일본에 의해 강제 해산되고 말았지요. 이들의 뒤를 이어 대한 협회가 조직되었지만 점차 저항 활동이 약화되더니 친일 성격의 단체로 변화했답니다.

계몽 운동 단체 중 가장 활발하게 활동한 것은 신민회예요. 신민회는 '새로운 국민이 되자.'라는 뜻을 담고 있는 단체로, 항일 비밀 결사 단체였지요. 신민회의 중심인물이었던 안창호, 양기탁, 신채호 등은 실력을 키워 국권을 회복하고 공화정 체제를 바탕으로 한 근대 국가 수립을 목표로 했답니다.

신민회의 활동 목표
1. 국민에게 민족의식과 독립 사상을 고취할 것.
2. 동지를 찾아 단합하여 민족 운동의 역량을 축적할 것.
3. 교육 기관을 각지에 설치하여 청소년 교육을 진흥할 것.
4. 각종 상공업 기관을 만들어 단체의 재정과 국민의 부력을 증진할 것.

신민회는 대성 학교와 오산 학교를 세우고 민족주의 교육을 실시했어요. 더불어 자기 회사와 태극 서관이라는 회사를 운영해 민족 산업을 육성하고자 했지요. 신민회는 대중을 위한 강연이나 학회도 열어 국민들을 계몽하고자 했는데, 이 모든 활동은 결국 민족의 역량을 하나로 집결시키는 데 그 뜻이 있었지요.

한편, 그동안의 계몽 단체들은 의병 활동을 벌이던 이들과 관계가 원만하지 못했어요. 특히 계몽 활동을 벌이던 개화파 지식인들은 의병 활동을 하는 이들을 폭도로 규정하는 등 비판의 날을 세웠지요. 하지만 신민회는 계몽 운동 단체로서는 처음으로 의병 활동을 긍정적으로 평가했어요. 그동안의 계몽 운동 단체들이 지녔던 한계를 뛰어넘은 거예요. 신민회는 일본의 침략이 본격화되자 독립 투쟁의 초석을 닦기 위해 고구려의 옛 수도인 국내성과 아주 가까운 곳에 있던 남만주 삼원보에 독립운동 기지를 건설했어요. 신민회가 무장 독립 투쟁 활동에 적극적으로 나서면서 의병 활동과 계몽 운동이 서로 연대했어요. 이로써 나라의 독립이라는 하나의 목표를 향해 힘을 합치게 되었지요.

신민회가 점점 활동 반경을 넓히자, 일본은 신민회를 해체시키기 위해 혈안이 되었어요. 일본은 1911년에 총독 암살 미수 사건을 날조해 애국지사 105명을 구속했어요.

┃ **도산 안창호**(1878~1938) 신민회, 청년 학우회, 흥사단을 조직하고, 평양에 대성 학교를 설립했다. 3·1 운동 후 상하이 임시 정부의 내무 총장이 되어 독립운동을 했다.

┃ **양기탁**(1871~1938) 신민회의 일원으로 어니스트 베델과 함께 《대한매일신보》를 발행하여 일본의 침략 정책을 비판했다.

이 105명 중에는 신민회의 회원들이 다수 포함되어 있었지요. 이를 105인 사건이라고 해요. 이 일로 신민회는 결국 해산되고 말았어요. 다음 사건 판결문을 보면 일본이 신민회의 어떤 점을 두려워했는지 알 수 있답니다.

> 남만주로 집단 이주하려고 기도하고, 조선 본토에서 상당한 재력이 있는 사람
> 들을 그곳에 이주시켜 토지를 사들이고 촌락을 세워 새 영토로 삼고, 다수의
> 청년 동지들을 모집·파견하여 한인 단체를 일으키고, 학교를 세워 민족 교육
> 을 실시하고, 나아가 무관 학교를 설립하여 문무를 겸하는 교육을 실시하면
> 서, 기회를 엿보아 독립 전쟁을 일으켜 구한국의 국권을 회복하려고 하였다.

  신민회는 해체되었지만, 수많은 애국지사들이 국외로 나가 새로운 독립운동의
길을 열기 시작했어요. 이회영 6형제가 가장 대표적인 사람들이에요. 조상 대대
로 명문가인 집안에서 태어난 이들은 1910년에 나라가 망하자 함께 모여 회의를
했어요.
  이회영 여섯 형제는 가문의 재산을 모두 급히 처분했어요. 때문에 제값을 받
지는 못했지만, 이들이 처분한 재산은 상당했지요. 지금 시세로 환산하면 600억
원이 넘는 돈이었다고 해요. 만약 지금까지 이회영 일가가 재산을 처분하지 않

우리 형제가 당당한 호족의 명문으로서 차라리 대
의가 있는 곳에서 죽을지언정, 왜적 치하에서 노예
가 되어 생명을 구차히 도모한다면 이 어찌 짐승
과 다르겠는가?

▎ 이회영(1867~1932)

고 그대로 소유하고 있었다면 땅값만 2조 원이 넘었을 거예요. 이들 여섯 형제는 1910년 12월 30일에 일가를 거느리고 비밀리에 국경을 넘었어요. 그리고 남만주 삼원보의 추가현에 도착해 독립운동 기지를 건설했지요. 여기에 신민회를 계승하는 신흥 강습소를 건설하는데, 이는 신흥 무관 학교의 전신으로, 일본에 대항할 독립군을 양성했답니다. 나라가 망한 후 일본이 주는 푼돈에 굴복해 구차한 삶을 이어 간 사람들도 많았다는 점에서 이회영 일가가 보

이시영(1869~1953) 이회영의 6형제 중 유일하게 살아남아 광복 후 대한민국의 초대 부통령에 당선되었으나 이승만 대통령의 통치에 반대해 사직했다.

여 준 행보는 진정한 노블레스 오블리주의 실현이라 할 만해요.

한편 일본은 통감부를 설치한 뒤 대한 제국 정부에 막대한 자금을 빌려 주었어요. 명목은 대한 제국의 발전을 위한 자금이었지만, 실제로는 갚을 능력이 없는 대한 제국에 돈을 빌려 주고 경제적으로 예속하는 데 목적이 있었지요. 1907년 당시 조선이 일본에 진 빚은 1300만 원 정도였는데, 이는 대한 제국 정부의 1년 예산과 비슷한 액수였답니다. 그나마도 대한 제국 정부가 빌린 돈은 대부분 대한 제국에 거주하는 일본인들의 편의를 위해 사용되었지요.

이처럼 일본에 대한 경제적 예속이 심해지자, 대구의 광문사라는 인쇄소 겸 출판사의 사장이었던 김광제와 부사장 서상돈이 국채 보상 운동을 시작했어요. 이들은 〈대한매일신보〉에 국채 보상 운동의 취지를 밝히고, 모금 활동에 들어갔지요. 이 소식은 곧 〈제국신문〉, 〈만세보〉, 〈황성신문〉에 보도되었고, 이후 각계

각층의 사람들이 모금 활동에 동참했어요.

> 지금 우리들은 정신을 새로이 하고 충의를 떨칠 때이니, 국채 1300 만 원은 우리 대한 제국의 존망과 직결된 것입니다. 이것을 갚으면 나라가 보존되고, 이것을 갚지 못하면 나라가 망할 것은 필연적인 사실이나, 지금 국고로는 갚기가 어려운 형편이니 앞으로 삼천리강토는 우리나라의 소유도 우리 국민의 소유도 되지 못할 것입니다.
>
> — 국채 보상 운동 취지서

이후 서울에서는 국채 보상 기성회가 조직되고, 국채 보상 부인회가 결성되어 여성들까지 모금 활동에 동참했어요. 부녀자들은 비녀와 가락지를 팔아 돈을 모았고, 남성들은 금연으로 모은 돈을 모금에 보탰지요.

▌**서상돈**(1851~1913) 광문사의 부사장으로 국채 보상 운동을 일으켰다.

국채 보상 운동은 1907년 12월까지 국민들의 전폭적인 호응 속에서 전국으로 확산되었어요. 이에 일본은 국채 보상 운동을 방해하기 시작했지요. 〈대한매일신보〉의 입을 막고자 베델을 추방하고 횡령죄를 뒤집어씌워 주필인 양기탁을 구속했어요. 그러고는 모금 운동에 비리가 있는 것처럼 선전했지요. 일본의 조직적인 탄압과 방해 속에서 모금 운동은 결국 중단되었고, 결실을 맺지 못했어요. 하지만 국가의 경제적 위

기를 국민이 자발적으로 단결해 극복하려 했다는 점에서 국채 보상 운동의 의의
를 찾을 수 있지요.

독도가
우리 땅인 이유

　독도는 신라 지증왕 13년(512년) 장군 이사부가 발견한 이래, 지금까지 우리나라의 영토로 관리되어 왔어요. 울릉도에서 육안으로 독도를 확인했다고 기록하고 있는 《신증동국여지승람》 외에 《만기요람》과 18세기 중반에 정상기가 제작한 〈동국대지도〉 등 수많은 기록과 지도가 독도가 우리의 땅임을 밝히고 있지요. 19세기 중엽에 김대건 신부가 제작한 〈조선전도〉를 보면 울릉도 옆에 '우산'이라는 이름의 독도가 자리하고 있어요. 같은 시기 제작된 〈해좌전도〉에도 울릉도 동쪽에 '우산'이라는 이름으로 독도가 위치해 있지요.

　비슷한 시기에 일본에서 제작된 〈삼국접양지도〉 역시 독도를 조선의 영토로 표시했을 뿐 아니라 〈대일본연해여지전도〉에는 독도가 일본 영토에 포함되어 있지 않아요. 그런데도 일본은 독도를 '다케시마(죽도)' 라고 부르며 자국의 땅이라고 계속 주장하고 있어요. 그러나 1877년 당시 일본 최고의 관청인 태정관에서 내린 지령문의 "울릉도와 독도는 일본의 영역과 관계없다."라는 내용을 통해 일본의 주장이 거짓임을 알 수 있어요.

　지령문에 첨부된 지도인 〈기죽도약도〉에는 울릉도와 독도는 물론, 일본의 영토인 오키 섬이 표시되어 있어요. 그리고 울릉도와 독도 간의 거리 및 오키 섬과 독도 간의 거리도 표시되어 있지요. 울릉도에서는 육안으로 보이는 독도가 오키

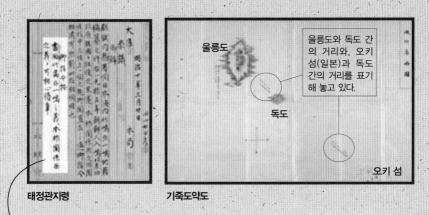

울릉도

독도

울릉도와 독도 간의 거리와, 오키 섬(일본)과 독도 간의 거리를 표기해 놓고 있다.

오키 섬

태정관지령   기죽도약도

일본 최고 관청인 태정관에서 내린 지령문과 그에 첨부된 지도인 기죽도약도. 태정관에서는 "울릉도 외 1도가 일본의 영역과 관계없다."라는 지령문을 내렸으며, 기죽도는 일본에서 울릉도를 가리키는 옛 명칭이다.

섬에서는 전혀 볼 수가 없는데도 일본은 거짓된 주장을 계속하고 있는 거예요.

이 외에도 일본 해군 수로부에서 군사용으로 제작한 〈조선동해안도〉와 〈조선전안〉, 〈조선 수로지〉 등을 살펴보면 일본 정부가 독도를 조선의 영토로 인식하고 있음을 잘 알 수 있어요.

한편 조선 정부는 임오군란 이후 울릉도에 일본인이 들어오는 것을 금지하는 등 적극적으로 영토를 지키기 위해 노력했어요. 그리고 대한 제국으로 국호를 바꾼 뒤인 1900년 10월 25일에는 칙령 제41호를 선포해 울릉도를 울도군으로 승격시켜 군수를 파견하고, 군수에게 울릉도와 죽도, 석도를 관할하게 했지요. 여기서 죽도는 울릉도 바로 옆에 딸린 섬이고, 석도는 독섬 혹은 돌섬이라고 불리던 독도를 가리켜요. 국가가 공식적으로 울릉도와 독도를 우리나라의 영토로 재확인한 거예요.

이처럼 증거가 명확한데도 일본은 끊임없이 터무니없는 주장을 하고 있어요. 그러므로 우리는 일본이 조작하는 증거에 맞서 적극적으로 독도를 지켜야 해요.

찾아보기

술술 한국사 연표

1권

통
일
신
라

발
해

고
려
시
대

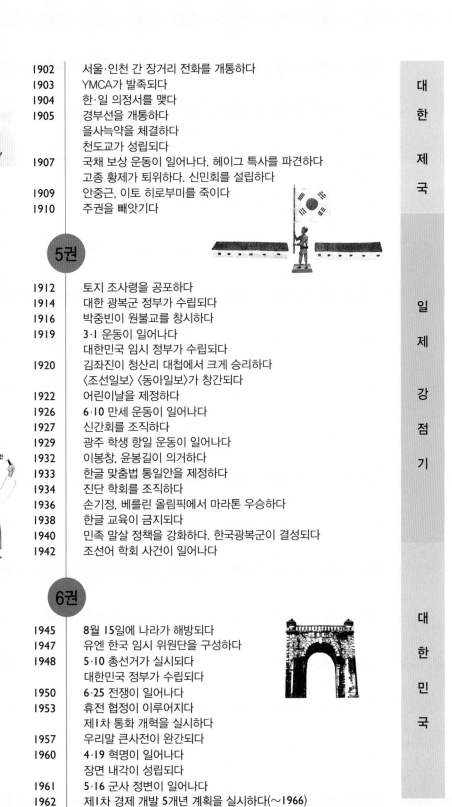

1963	박정희 정부가 성립되다
1965	한·일 협정을 조인하다
1966	한·미 행정 협정을 조인하다
1967	제2차 경제 개발 5개년 계획을 실시하다(~1971)
1968	1·21 사태가 일어나다
1970	새마을 운동이 시작되다. 경부 고속 국도를 개통하다
1972	제3차 경제 개발 5개년 계획을 실시하다(~1976)
	7·4 남북 공동 성명을 발표하다. 남북 적십자 회담을 개최하다
	10월 유신이 일어나다
1973	6·23 평화 통일을 선언하다
1974	북한 땅굴을 발견하다
1976	판문점 도끼 만행 사건이 일어나다
1977	제4차 경제 개발 5개년 계획을 실시하다(~1981)
1978	자연 보호 헌장을 선포하다
1979	10·26 사태가 일어나다
1980	5·18 민주화 운동이 일어나다
1981	전두환 정부가 출범하다
1983	KAL기 피격 참사, 아웅산 사건이 일어나다
	KBS, 이산가족 찾기 TV 생방송을 하다
1985	남북 고향 방문단의 상호 교류가 이루어지다
1986	서울 아시아 경기 대회를 개최하다
1987	6월 민주 항쟁이 일어나다
1988	한글 맞춤법이 고시되다. 노태우 정부가 출범하다
	제24회 서울 올림픽 대회를 개최하다
1989	동구권 국가와 수교하다
1990	소련과 국교를 수립하다
1991	남북한이 유엔에 동시 가입하다
1992	중국과 국교를 수립하다
1993	김영삼 정부가 출범하다
1994	북한, 김일성이 사망하다
	정부 조직을 개편하다
1995	지방 자치제를 실시하다
	한국, 유엔 안보리 비상임 이사국에 뽑히다
1996	경제 협력 개발 기구(OECD)에 가입하다
1998	김대중 정부가 출범하다

대

한

민

국

- - - - - 2000

2000	남북 정상 회담, 6·15 남북 공동 선언을 하다
	아시아·유럽 정상 회의(ASEM)를 개최하다
2002	한·일 월드컵 대회를 개최하다
	제14회 부산 아시아 경기 대회를 개최하다
2003	노무현 정부가 출범하다
2005	아시아·태평양 경제 협력체(APEC) 정상 회의를 개최하다
2006	수출 3000억 달러를 돌파하다
2007	반기문, 유엔 사무총장에 취임하다
	제2차 남북 정상 회담을 개최하다
2008	이명박 정부가 출범하다
2013	박근혜 정부가 출범하다

참고문헌 및 인터넷 사이트

고등학교 한국사, 한철호 외 7인, (주)미래엔, 2014

중학교 역사 2, 송치중 외 11인, 좋은책신사고, 2012

뿌리깊은 한국사, 샘이 깊은 이야기 6 근대, 김태웅, 솔, 2008

한국근대사강의, 한국근현대사학회, 한울 아카데미, 2010

한중일이 함께 쓴 동아시아 근현대사 1, 한중일3국공동역사편찬위원회, 휴머니스트, 2012

동아시아 근현대사, 우에하라 카즈요시, 옛오늘, 2011

세계로 떠난 조선의 지식인들, 이승원, 휴머니스트, 2009

매천야록, 황현, 서해문집, 2011

조약으로 본 한국근대사, 최덕수 외, 열린책들, 2011

다시 쓰는 한국근대사, 이윤섭, 평단, 2013

살아있는 근현대사 교과서, 김육훈, 휴머니스트, 2007

그래서 나는 김옥균을 쏘았다, 조재곤, 푸른역사, 2005

고종 황제의 마지막 특사 이준의 구국운동, 이계형, 역사공간, 2007

1면으로 보는 근현대사 1884-1945, 김성희, 서해문집, 2009

한국이민사박물관, 한국이민사박물관, 2010

다시 읽는 하멜표류기, 강준식, 웅진 지식하우스, 2012

영원한 우리땅 독도(중학생용), 송호열 외 3인, 동북아역사재단, 2011

조선, 1894년 여름, 에른스트 폰 헤세-바르텍, 책과 함께, 2012

꼬레아 에 꼬레아니(사진해설판), 이돈수 외 1인, 하늘재, 2012

정동1900, 서울역시박물관, 2012

해천추범-1896년 민영환의 세계일주, 민영환, 책과함께, 2007

근세조선정감 상, 박제형, 탐구신서, 1981

환구음초, 김득련, 평민사, 2011

한국 고전 번역원 (www.itkc.or.kr/) 중 승정원일기

권태균 12p(흥선 대원군–서울역사박물관), 13p(아편 전쟁), 18p(소수 서원), 19p(운현궁), 23p(외규장각 주위를 진군하는 프랑스군–국립중앙박물관), 24p(외규장각 어람용 의궤–규장각), 27p(덕진진), 28p(해문방수비), 29p(척화비), 32p(운요호–《독립운동》상) 33p(연무당), (강화도 조약 체결–사진으로 보는 한국 백년(동아일보사)), 37p(신헌), 41p(1차 수신사–사진으로 보는 한국 백년(동아일보사)), 43p(별기군–사진으로 보는 한국 백년(동아일보사)), 44p(보빙사 사절단–100년 전의 기억 대한제국(국립고궁박물관)), 45p(아서 대통령을 만난 보빙사 사절단–《독립운동》상), 47p(최익현– 최익현 사당), 51p(일본 공사관 습격–《독립운동》상), 53p(박영효가 제작한 태극기), 55p(이와쿠라 사절단) 61p(오경석), 67p(우정총국과 홍영식–100년 전의 기억 대한제국(국립고궁박물관)), 69p(갑신정변의 주역들–독립기념관), 70p(유길준–독립기념관), 78p(사발통문–동학농민혁명기념관), 89p(평양 전투), 91p(전봉준–동학농민혁명기념관), 97p(시모노세키 조약 체결–시모노세키 일청강화기념관), 100p(명성 황후의 장례식), 103p(러시아 공사관), 105p(서재필–독립기념관), 106p(독립문–《독립운동》상), 110p(청나라 영토 분쟁 풍자화–격동의 구한말 역사의 현장(조선일보사)), 114p(원구단–《독립운동》상) 115p(서울 지도 축도), 116p(훈련을 받고 있는 시위대–독립기념관), 118p(고종 황제–100년 전의 기억 대한제국(국립고궁박물관)), 120p(백두산정계비–민족문화대백과사전), 123p(청·프 전쟁), 128p(제중원), 129p(관립 중학교), 130p(《전기시등도》–100년 전의 기억 대한제국(국립고궁박물관)), 131p(전화 교환수–100년 전의 기억 대한제국(국립고궁박물관)), 132p(한성 전기 회사–100년 전의 기억 대한제국(국립고궁박물관)), 133p(동대문에서 있었던 전차 개통식–100년 전의 기억 대한제국(국립고궁박물관)), 135p(불에 탄 전차– 사진으로 보는 한국 백 년(동아일보사)), 136p(최초의 기관차–사진으로 보는 한국 백 년(동아일보사)), 137p(철도 폭파 후 처형당하는 애국지사들), 143p(이화 학당), 144p(《한성순보》–100년 전의 기억 대한제국(국립고궁박물관)), (《한성주보》–100년 전의 기억 대한제국(국립고궁박물관)), 146p(《독립신문》의 한글판과 영문판–국립중앙박물관), 147p(《황성신문》에 실린 《시일야방성대곡》–독립기념관), 148p(《제국신문》–독립기념관), 150p(《대한매일신보》–100년 전의 기억 대한제국(국립고궁박물관)), 151p(어니스트 베델과 묘), 152p(신채호–우당기념관), (박은식–우당기념관), 153p(주시경–우당기념관), 155p(《제국신문》에 실린 자행거(자전거)와 시계 판매 광고) 155p(애국가 표지와 악보), 156p(황성 YMCA 야구단), 158p(서광범과 김옥균–독립기념관) 159p(모자 광고), 160p(박에스더), 161p(윤희순), 165p(제1차 영일 동맹), 167p(《백인과 황인》–격동의 구한말 역사의 현장(조선일보사)), 170p(발틱 함대가 무너진 쓰시마 해전), 173p(포츠머스 강화 조약의 주역들– 사진으로 보는 한국 백 년(동아일보사)), 176p(을사늑약 문서–100년 전의 기억 대한제국(국립고궁박물관)), 179p(이용익–독립기념관), 181p(만국 평화 회의에 파견되었던 세 특사–독립기념관), 184p(정미 7조약), 185p(경복궁 근정전의 일장기–《독립운동》상), 188p(신돌석–신돌석 생가), 189p(정미의병–독립기념관), 192p(안중근–안중근기념관), (안중근의 글씨–안중근기념관), 193p(이재명–독립기념관), 197p(안창호–독립기념관), (양기탁–독립기념관), 198p(이회영–우당기념관), 200p(서상돈–우당기념관), 203p(태정관지령), (기죽도약도)